AF535844

Lea Sonnenstein

Das Aromatherapie Buch

Das Praxisbuch

Alle Ratschläge in diesem Buch wurden vom Autor und vom Verlag sorgfältig erwogen und geprüft. Eine Garantie kann dennoch nicht übernommen werden. Eine Haftung des Autors beziehungsweise des Verlags für jegliche Personen-, Sach- und Vermögensschäden ist daher ausgeschlossen.

www.edition-jt.de

Für Fragen und Anregungen:
info@edition-jt.de
Auflage 2024

Inhalt

Vorwort

Lebensstile haben sich verändert und mit ihnen auch das Zeitmanagement. Informationen werden oft nur aufgenommen, wenn diese überschaubar sind, daher legen sehr viele Menschen großen Wert auf sofort verständliche Fakten. Wenn jemand ein neues Fachgebiet erlernen möchte, sei es zur beruflichen Weiterentwicklung oder als Hobby, sollten die Informationen, die er erhält, so angenehm und verständlich wie möglich sein. Mit diesem Buch bekommen Sie überschaubar und einfach erklärt Informationen über ätherische Öle an die Hand und alles, was Sie darüber wissen müssen. Mit diesem Grundwissen können Sie beginnen, mit geeigneten ätherischen Ölen zu experimentieren, und wertvolle persönliche Erfahrungen sammeln. Um tiefer in das Thema Duftpflege einzusteigen, kommen Sie jedoch nicht an den Grundlagen der wichtigsten Duftmoleküle vorbei, denn Sie müssen die Haltbarkeit, Verträglichkeit und eventuelle Einschränkungen kennen, wenn Sie mit Aromaölen arbeiten möchten, die Ihnen bei Gesundheit und Krankheit wunderbar helfen können. Sie erhalten ein interessantes Verständnis für den verantwortungsvollen Umgang mit ätherischen Ölen und erfahren, warum der unachtsame Umgang mit unverdünnten oder großen Dosen ätherischer Öle weder gesund noch umweltfreundlich ist.

Ätherische Öle sind seit Jahrhunderten für ihre vielfältigen Verwendungsmöglichkeiten und medizinischen Eigenschaften bekannt. Sie werden aus Pflanzen gewonnen und enthalten natürliche Pflanzenaromen, die nicht nur ein angenehmes Aroma haben, sondern auch verschiedene gesundheitliche Vorteile bieten, von denen Sie, aber auch Ihre vierbeinigen Lieblinge profitieren.

Über die Welt ätherischer Öle

In der modernen Medizin werden Kopfschmerzen, Stress, Husten und andere Erkrankungen häufig medikamentös behandelt. Meist handelt es sich dabei um Arzneimittel, die dem Körper nicht nur helfen, sondern ihm auch schaden können. Es gibt jedoch eine Alternative, die weniger schädlich ist und den Körper auf natürliche Weise unterstützen kann: die Aromatherapie. Seit Jahrzehnten ist diese Therapie mit der Naturheilkunde verbunden. Es existieren viele alltägliche Probleme, von denen wir wissen, dass sie mit Kräutern behandelt werden können. Beispielsweise hilft Lavendel oft bei Schlafstörungen. Neben Schlafstörungen können ätherische Öle auch zur Behandlung von Erkältungen, Schmerzen und anderen Beschwerden eingesetzt werden. Bestimmt haben Sie schon bei einer Erkältung ein entsprechendes Erkältungsbad mit Eukalyptus verwendet oder mit Thymianöl bei einer verstopften Nase inhaliert. Es handelt sich grundsätzlich um das gleiche Verfahren. Durch die Verwendung ätherischer Öle und deren Aufnahme kann das Leiden gelindert werden. Aus diesem Grund interessieren sich heutzutage immer mehr Menschen für alternative Heilmethoden, darunter auch die Verwendung ätherischer Öle und ihre vielfältigen Vorteile.

Es besteht jedoch die Gefahr, dass diese hochwirksamen Aromen ohne ausreichende Vorkenntnisse nicht korrekt verwendet werden. Für die richtige Anwendung ätherischer Öle sind daher Grundkenntnisse erforderlich. Dieser Ratgeber führt Sie durch die wichtigsten Grundlagen für den sinnvollen Einsatz ätherischer Öle. Sowohl Einsteiger als auch Fortgeschrittene finden in diesem Buch Antworten auf eventuell noch vorhandene Fragen. Die Welt der ätherischen Öle ist sehr vielfältig und interessant. Die Arbeit mit diesen Ölen ist ein einzigartiges Abenteuer, aber Sie sollten immer verstehen, dass ätherische Öle keine Wundermittel, sondern vielmehr wunderbare Heilmittel sind. Ätherische Öle bestehen aus vielen Komponenten, weshalb sie als Vielstoffgemische bezeichnet werden. Diese Tatsache trägt nicht immer dazu bei, die Wirkungsweise ätherischer Öle besser zu verstehen. Jeder Inhaltsstoff – und sei sein Anteil noch so klein in einem ätherischen Öl – erfüllt seinen eigenen Zweck. Wenn Sie diese Inhaltsstoffe trennen und nur einen davon einnehmen, kann die Wirkung völlig anders sein als die Wirkung im Gesamten. Alles, was Sie für die richtige Anwendung für sich selbst, aber auch für Ihr geliebtes Tier wissen sollten, ist in diesem Ratgeber zu finden. Neben der Einführung in die Welt der ätherischen Öle erhalten Sie ein umfassendes Basiswissen sowie eine ganze Menge an Grundrezepturen, die Sie sehr einfach selbst herstellen können. Lassen Sie uns nun gemeinsam eintauchen, damit auch Sie am Ende dieses Buches die wunderbaren Eigenschaften ätherischer Öle kennen, um sie in Ihr Leben zu integrieren. Mögen diese Öle Ihnen viel Freude und Wohlbefinden schenken.

Hinweis: In diesem Buch finden Sie einen QR-Code, der Sie zu Audiodateien führt. Falls Sie keine Möglichkeit haben, den QR-Code zu scannen, können Sie die Datei auch über diesen Link finden: https://bit.ly/4bY4xLy

Einführung in ätherische Öle

Archäologische Funde haben bereits 3000 vor Christus gezeigt: Die Kunst des Destillierens war bekannt. Die damals beschriebenen Kräuterdestillate ermöglichten die Verwendung ätherischer Öle, waren jedoch nicht mit den ätherischen Ölen vergleichbar, die wir heute kennen und verwenden. Obwohl in der Bibel viele verschiedene Arten von Essenzen erwähnt werden, kann nicht davon ausgegangen werden, dass es sich dabei um ätherische Öle handelt. Um die Jahrtausendwende entdeckten arabische Heiler die Kunst der Destillation wieder und entwickelten sie weiter. Im Spätmittelalter war die französische Oberschicht begeistert von den schönen, teuren Düften, die durch Destillation gewonnen werden konnten. Besonders beliebt waren sie damals als Mittel gegen unangenehme Körpergerüche.

Im 20. Jahrhundert trugen die Entdeckungen des französischen Chemikers René-Maurice Gattefossé (1881–1950) maßgeblich zur Entwicklung der Aromatherapie bei. Ein Laborunfall verursachte schwere Verbrennungen und in der Folge Wundbrand. Die damals oft tödlich verlaufende Infektion behandelte er mit Lavendelöl. Der Erfolg seiner Behandlung inspirierte ihn, sich der Aromatherapie zu widmen.

Jedes Öl hat eine andere Zusammensetzung und wirkt sich daher individuell auf Ihren Körper aus. Jedoch haben die Öle gemeinsame Eigenschaften: Sie sind flüchtig, haben einen starken Geruch, sind in Wasser unlöslich und in Fett löslich. Die Wirksamkeit beruht auf den zahlreichen Bestandteilen ätherischer Öle. Jede Pflanze hat unterschiedliche Eigenschaften und einige Öle enthalten bis zu 150 Inhaltsstoffe. Neben dem Hauptwirkstoff enthalten die meisten Öle noch eine Reihe weiterer kleinerer Wirkstoffe. Die wichtigsten sind folgende:

- **Kohlenwasserstoffe** haben antivirale, antiseptische, stimulierende und entzündungshemmende Eigenschaften. Fast alle Zitrusöle bestehen hauptsächlich aus Kohlenwasserstoffen. Hierzu zählen aber auch Öle aus Nadelhölzern und Wacholder.

- **Ketone** stimulieren das Wachstum von Geweben und Zellen. Da sie jedoch die Blut-Hirn-Schranke leicht überwinden, werden sie schnell neurotoxisch. Wer das Öl unsachgemäß anwendet, riskiert Leberschäden. Daher sollten sie mit Vorsicht verwendet werden. Ketone wirken regenerierend und schleimlösend. Zu den Ölen, die in diese Kategorie fallen, gehören Salbei, Rosmarin und Eukalyptus. Schädliche Auswirkungen auf den Körper hängen von der Verwendung ab. Der orale Weg ist am schädlichsten, gefolgt vom rektalen und vaginalen Weg. Die geringsten schädlichen Auswirkungen treten auf der Haut und über die Atemwege auf.

- **Aldehyde** haben entzündungshemmende, antivirale und beruhigende Eigenschaften. Eisenkraut, Zitronenmelisse und Zitronengras weisen Aldehyde auf. Durch die Verwendung stark verdünnter Öle wird eine optimale entzündungshemmende Wirkung erzielt.
- **Alkohol** ist sehr wirksam gegen Mikroorganismen, aber er schadet dem menschlichen Körper in keiner Weise. Im Gegenteil: Er ist mild, gut verträglich und hat ein sehr angenehmes Aroma. Alkohol kommt unter anderem in Palmarosa, Geranium und Rosenholz vor.
- **Oxid** hat schleimlösende und antivirale Wirkungen. Es kommt in Teebaumöl, Ysop- und Eukalyptusöl vor.
- **Ester** ist eine Verbindung aus Alkohol und Säure. Er hat krampflösende, fungizide und ausgleichende Eigenschaften. Zur Massage können ätherische Öle mit Estergehalt verwendet werden. Man findet ihn in Kamille, Ylang-Ylang, Lavendel und Geranium.

Definition: Blut-Hirn-Schranke
Die Blut-Hirn-Schranke hat die Aufgabe, das Gehirn sowie das Rückenmarksgewebe gegen das Blut abzudichten. Der Filter, die innen liegende Zellschicht, genannt Endothel, der an der Blut-Hirn-Schranke sitzt, überprüft die Beschaffenheit des Stoffes, wie beispielsweise die Molekülgröße und die Ionenladung, aber unterscheidet auch Elektrolyte, Hormone, Nährstoffe und Giftstoffe. Selektiv lässt die Barriere die Stoffe entweder durch oder hindert sie am Eindringen in das sehr empfindliche Gehirn, um dieses zu schützen und keiner Schwankung des Blutplasmas auszusetzen.

Neben der Verwendung ätherischer Öle für Raumdüfte, Gesundheitsprodukte und Parfüms werden hochwertige ätherische Öle mittlerweile auch zunehmend im Pflegebereich, in Krankenhäusern und Hospizen eingesetzt. Über einhundert durchgeführte Studien zur Wirksamkeit zeigten, das ätherische Öle zur Schmerzlinderung, gegen multiresistente Mikroorganismen, Krebs und viele andere Krankheiten eingesetzt werden kann. Aus diesem Grund wird Ihnen in diesem ersten Kapitel ein umfassender Einblick in die faszinierende Welt der ätherischen Öle gegeben. Sie erfahren, was ätherische Öle sind, wie sie gewonnen werden und welche Qualitätsstandards wichtig sind. Tauchen Sie ein in die Vielfalt der beliebtesten ätherischen Öle und entdecken Sie, wie Sie sie in Ihrem Alltag auf kreative Weise nutzen können.

Was sind ätherische Öle?

Das Wort „ätherisch“ ist griechischen Ursprungs und bedeutet engelhaft, zart und bezieht sich auf die „flüchtige Natur“ ätherischer Öle.

Ätherische Öle sind Mischungen flüssiger Substanzen, die aus verschiedenen Pflanzenteilen gewonnen werden und durch den Stoffwechselprozess in der Pflanze entstehen. Sie sind ein wichtiger Bestandteil der Pflanzenheilkunde und es werden ausschließlich aus der Pflanze gewonnene Extrakte verwendet. Das bedeutet, dass nur die Flüssigkeit aus

- Blättern,
- Blüten,
- Wurzeln,
- Holz,
- Rinde und
- Stängeln

gepresst oder destilliert wird. Bekannt sind beispielsweise die hochkonzentrierten Öle

- Pfefferminzöl,
- Lavendelöl und
- Eukalyptusöl.

Exkurs: Warum und wie Pflanzen ätherische Öle produzieren
Eine Pflanze produziert ätherische Öle, weil sie der Pflanze wie folgt dienen:
- **Um Fressfeinde abzuwehren:** Die Gerüche halten die Tiere davon ab, die jeweilige Pflanze zu fressen.
- **Zum Anlocken der Insekten zur Bestäubung:** Die Duftstoffe der Pflanze locken verschiedene Insekten an. Sobald beispielsweise eine Biene Nektar und Pollen sammelt, bleiben einige Pollen an den Haaren der Biene hängen, welche auf die Narbe der nächsten Blüte übertragen werden.
- **Zum Schutz vor Krankheiten:** Einige Inhaltsstoffe, wie zum Beispiel die Phenolverbindungen im Thymian, töten Mikroorganismen ab und verhindern, dass Bakterien, Viren oder Schimmelpilze Pflanzen befallen.
- **Um vor Kälte oder Hitze zu schützen:** Beispielsweise können Rosen ihre Blüten mit ätherischen Ölen vor der Kälte schützen – Zitronenmelisse hingegen erzeugt aus ihren ätherischen Ölen eine Art Gasschleier, der die zarten Blätter davor schützt, in der Mittagssonne zu „verbrennen".

Weltweit gibt es mehr als 300.000 Pflanzenarten, von denen nur 2.300 Arten ätherische Öle produzieren. Die meisten Aromapflanzen enthalten nur ein bis zwei Prozent ätherisches Öl, viele sogar noch viel weniger (in so geringen Konzentrationen, dass eine kommerzielle Nutzung keinen Sinn mehr macht). Dies zeigt, wie wertvoll Pflanzenessenzen sind und dass mit ihnen vorsichtig umgegangen werden muss.

Ätherische Öle werden von Pflanzen in speziellen Öldrüsen produziert. Je nach Pflanzenart kommen sie in den

- Blättern,
- Blüten,
- Samen,
- Harzen und
- Wurzeln

sowie im Pflanzensaft, in der Rinde und im Holz vor. Aus diesem Grund werden zur Herstellung ätherischer Öle auch verschiedene Pflanzenteile benötigt.

Wann ist der richtige Zeitpunkt für eine gute Ernte?

Aus Erfahrung wissen die Destillateure, zu welcher Jahres- und Tageszeit der ätherische Ölgehalt in der Pflanze am höchsten ist. Was die Rosenblätter betrifft, so ist klar, dass diese sehr früh am Morgen gesammelt werden müssen, da die frisch erblühenden Blüten zu diesem Zeitpunkt noch vor der Kälte geschützt werden müssen und die ätherischen Öle aufgrund der Hitze noch nicht verdunstet sind. Die Melissenpflanze hingegen wird gegen Mittag geerntet, da die Pflanze, wie erwähnt, ein ätherisches Öl produziert, das vor Hitze schützt und sich so mittags in den Blättern vermehrt. Die nachfolgende Tabelle zeigt auf, welche gängigen ätherischen Öle, beziehungsweise deren Pflanze, wann geerntet werden müssen.

Ätherisches Öl	Erntezeitpunkt der Pflanze
Bergamottöl	Bergamotten werden üblicherweise im Winter geerntet, meist von November bis März. In dieser Zeit reift die Frucht und enthält die höchste Konzentration an ätherischen Ölen in der Schale.
Eukalyptusöl	Eukalyptus wird je nach Art während der gesamten Wachstumsperiode, aber bestenfalls kurz vor oder während der Blütezeit im Frühling oder Herbst geerntet.
Lavendelöl	Die Blüten sollten geerntet werden, wenn sie sich gerade öffnen, was normalerweise im späten Frühling oder frühen Sommer geschieht.
Kamillenöl	Die Erntezeit für Kamille ist normalerweise im späten Frühling oder frühen Sommer, wenn die Pflanze in voller Blüte steht. Die Blüten sollten am besten am frühen Morgen geerntet werden, wenn der Gehalt an ätherischem Öl in den Blüten am höchsten ist.
Manukaöl	Manuka wird normalerweise im Sommer geerntet, wenn der Baum in voller Blüte steht. Die Erntezeit dauert normalerweise von Dezember bis Februar auf der Südhalbkugel und von Juni bis August auf der Nordhalbkugel. In dieser Zeit reifen die Blüten und enthalten die höchste Konzentration an ätherischen Ölen.
Pfefferminzöl	Die Blätter können während der gesamten Wachstumsperiode geerntet werden, aber die höchste Konzentration an ätherischem Öl ist normalerweise kurz vor oder während der Blütezeit zwischen Juni und September.

Orangenöl	Um Orangenöl zu erhalten, das ein wunderbares, tiefes und angenehmes Aroma hat, müssen Orangen vollständig reif zwischen November und März gepflückt werden.
Rosmarinöl	Die Zweige und Blätter können das ganze Jahr über geerntet werden, aber die höchste Konzentration an ätherischem Öl ist normalerweise kurz vor oder während der Blütezeit im Frühling.
Sandelholzöl	Sandelholz wird normalerweise geerntet, wenn der Baum zwischen 30 und 80 Jahre alt ist. Die Erntezeit kann je nach Region variieren, liegt jedoch normalerweise in den trockenen Monaten des Jahres.
Teebaumöl	Teebaum wird das ganze Jahr über geerntet, aber die beste Qualität wird oft in den Wintermonaten erreicht.
Vetiveröl	Der Erntezeitpunkt variiert je nach Anbaugebiet. Allerdings wird Vetiver oft in den trockenen Monaten geerntet, wenn die Pflanze den höchsten Gehalt an ätherischen Ölen enthält. Dies kann je nach Region variieren, die Ernte erfolgt jedoch normalerweise im Spätherbst oder frühen Winter.
Ylang-Ylang-Öl	Die Ernte von Ylang-Ylang zur Gewinnung ätherischer Öle erfolgt normalerweise während der Regenzeit, die je nach Region variieren kann. Ylang-Ylang-Blüten sollten jedoch früh am Morgen gepflückt werden, da der Duft dann am intensivsten ist.
Zitronenöl	Die Zeit, Zitronen zu ernten, ist normalerweise im Spätsommer oder Herbst, wenn die Zitronen reif sind. Da das ätherische Öl aus den Zitronenschalen gewonnen wird, ist zu dieser Zeit die Konzentration in den Schalen am höchsten.

Exkurs: Die faszinierende Rosenblüte

Der bekannte Duft der äußeren Rosenblätter ist aus Rosenalkoholen wie Citronellol, Geraniol und Linalool. Diese Alkoholverbindungen locken mit ihrem Duft Bienen an, stoßen andere Insekten ab und können angreifende Mikroorganismen abtöten. Im Inneren der Blüte gibt es das 2-Phenylethanol, das die Bienen betäubt, damit sie eine Weile dort verbleiben. In der Mitte der Blüte, in den Staubgefäßen und den Pollen, ahmen Citral, Eugenol und Farnesol den Geruch der Wabe nach, sodass sich die Bienen wohlfühlen und bereit sind, ihre Bestäubungsarbeit zu erledigen. Im Gegenzug erhalten sie eine ganze Menge Pollen, die für die weitere Bestäubung der anderen Rosenblätter wichtig sind.

Gewinnung und Herstellung von ätherischen Ölen

Es gibt viele verschiedene Verfahrensweisen, ätherische Öle zu gewinnen und herzustellen. Die Wasserdampfdestillation wird am häufigsten verwendet. Doch es gibt auch noch weitere beliebte Methoden, wie die Kaltpressung, die Extraktion, die Kohlendioxid-Extraktion und die Enfleurage. Diese lernen Sie nachfolgend genauer kennen.

1 Liter ätherisches Öl wird beispielsweise gewonnen aus:
7000 bis 8000 kg Melissenkraut
3000 bis 5000 kg Rosenblüten
1000 kg Neroliblüten
1000 kg Jasminblüten
200 kg Zitronenschalen

Beispiel:
1 Tropfen Rosenöl = 30 bis 50 Duftrosenblüten

Wasserdampfdestillation

Die meisten für medizinische Zwecke verwendeten ätherischen Öle werden durch Wasserdampfdestillation gewonnen. Das Wasser wird im unteren Teil in einem speziellen Kessel, dem „Alambik", erhitzt. Der Dampf steigt auf und strömt durch das auf dem oberen Rost platzierte Pflanzenmaterial. Unterwegs transportiert der Dampf wasserlösliche und unlösliche Inhaltsstoffe (ätherische Öle) in einem „Huckepack"-Prozess. Nach dem Abkühlen des Dampfes wird das Kondensat in einem sogenannten Florentiner-Topf gesammelt. Dieser ist ein Bestandteil einer Apparatur speziell zur Destillation von ätherischen Ölen. Da die meisten ätherischen Öle „leichter" als Wasser sind, schwimmen sie nach oben und können sich somit vom Wasser trennen. Das Kondensat enthält einen Restanteil von etwa 1 % ätherischer Öle und wasserlöslicher Pflanzenstoffe. Es wird Hydrolat oder Pflanzenwasser genannt.

Hydrolate sind ein Nebenprodukt der Wasserdampfdestillation und können nur mit diesem Verfahren hergestellt werden. Ein Hydrolat enthält alle wasserlöslichen Bestandteile der Pflanze. Beispiele hierfür sind Phenylethanol im Rosenhydrolat oder Rosmarinsäure im Rosmarinhydrolat.

Kaltpressung

Kaltpressung, auch Expression genannt, ist die schonendste Art, ätherische Öle herzustellen. Die meisten ätherischen Zitrusöle werden durch Kaltpressung gewonnen. Dazu wird die Fruchtschale abgerieben und mit Wasser vermischt.

Diese Mischung wird dann filtriert und zentrifugiert, um die ätherischen Öle abzutrennen.

Zitrusfrüchte, die mit diesem Verfahren gewonnen werden, sollten biologisch sein, da sie sonst Rückstände wie Pestizide enthalten können.

Extraktion

Bei der Extraktion werden ätherische Öle mithilfe flüchtiger Lösungsmittel aus dem Pflanzenmaterial extrahiert. Manche ätherischen Öle lassen sich nur mit diesem Verfahren gewinnen, weil sie große Duftmoleküle haben oder hitzeempfindlich sind. Der Duft des nach der Extraktion gewonnenen ätherischen Öls ähnelt dem Aroma der ursprünglichen Pflanze. Beispiele hierfür sind wertvolle Blütenöle wie Frangipani, Jasmin und Osmanthus.

Beim Extraktionsprozess entstehen Absolue und Resinoide. Beide sind als ätherische Öle im Handel erhältlich. Aufgrund der Verwendung chemischer Lösungsmittel ist es wichtig, zu kontrollieren, dass Absolue und Resinoide frei von Rückständen sind.

Absolue:

Zur Gewinnung des Absolues werden verschiedene Lösungsmittel wie Hexan oder Ethanol verwendet. Die Wahl des Lösungsmittels hängt davon ab, welche Pflanzenbestandteile herausgelöst werden sollen.

Zunächst wird das Lösungsmittel in einem Behälter mit dem Pflanzenmaterial vermischt und erhitzt. Nach dem Entfernen des Lösungsmittels entsteht eine Paste, die neben ätherischen Ölen auch Farbstoffe und pflanzliche Wachse enthält. Nach der Entfernung des Blütenwachses und anschließenden Destillationsschritten können alkohollösliche „ätherische Öle“, sogenannte Absolues, gewonnen werden.

Absolue werden im Handel hauptsächlich in Alkohol verdünnt verkauft, wie beispielsweise

- Frangipani,
- Jasmin,
- Osmanthus,
- Rose und
- Tuberose.

Resinoid:

Resinoide sind zähflüssige ätherische Öle, die durch Extraktion aus speziellen Baumharzen gewonnen werden.

Um an das Harz zu gelangen, muss zunächst die Rinde des Baumes angeritzt werden, um die Produktion von Harz anzuregen, der die Wunde abdichtet. Das Harz, welches aufgefangen wurde, wird mit Lösungsmitteln wie Alkohol oder chlorierten Kohlenwasserstoffen vermischt, anschließend durch Hitze extrahiert und dann filtriert. Danach muss das Lösungsmittel durch Destillation verdampft werden.

Kohlendioxid-Extraktion

Bei dieser völlig neuen Extraktionsmethode werden Duftmoleküle unter sehr hohem Druck (75 bar) und bei einer Temperatur von nur 31 Grad Celsius aus der Pflanze freigesetzt. Das Aroma ist dem der ursprünglichen Pflanze im Vergleich zum gewonnenen Aroma durch die Wasserdampfdestillation wesentlich ähnlicher.

Hinsichtlich der Zusammensetzung gibt es jedoch deutliche Unterschiede zu destillierten ätherischen Ölen. Aus diesem Grund kann die CO_2-Extraktion nicht „konform" mit destillierten ätherischen Ölen verwendet werden.

Beispiel:
Ingwer als destilliertes ätherisches Öl: keine Scharfstoffe; hautfreundlich
Ingwer durch CO_2-Extraktion: viele Scharfstoffe; bereits bei niedriger Dosis hautreizend

Enfleurage

Enfleurage ist eine sehr komplexe und dennoch schonende Methode, die heute nur noch selten zur Gewinnung ätherischer Öle eingesetzt wird. Die Blüten sind meist sehr fein und werden auf eine Glasplatte mit etwas Fett gelegt und nach etwa 12 Stunden durch neue Blüten ersetzt. Dieser Vorgang wird 36-mal wiederholt. Die aromatischen Moleküle lösen sich in dem Fett und sättigen es. Anschließend werden die Aromastoffe im Alkohol gelöst, der anschließend wieder verdunstet wird.

Wissenswertes
Natürlichen Ursprungs sind nicht alle Düfte. Ätherische Öle können nicht aus Früchten wie Äpfeln, Erdbeeren, Himbeeren oder Kirschen gewonnen werden. Diese werden ausschließlich synthetisch hergestellt. Es gibt leider keine allgemeine Faustformel zur Bestimmung, ob ein ätherisches Öl natürlich oder synthetisch ist. Es gibt jedoch einige Anhaltspunkte, die Ihnen bei der Beurteilung der Echtheit eines ätherischen Öls helfen können. Dies zeigt allen voran das Etikett des Öls, denn hierauf sollte die Bezeichnung „100 % reines ätherisches Öl" aufgedruckt sein, doch auch auf die Zertifizierungen auf der Herstellerseite sollte geachtet werden.

Nennenswerte Hydrolate und deren Wirkung

Im 19. Jahrhundert gerieten Hydrolate in Deutschland lange Zeit in Vergessenheit und wurden als Abfallprodukt entsorgt. Mit Ausnahme von Rosenhydrolaten waren bis vor einigen Jahren praktisch keine Hydrolate bekannt und wurden in der Aromatherapie daher nicht verwendet. Doch erfreulich ist, dass Hydrolate in den letzten Jahren immer beliebter geworden sind und zunehmend in der Aromatherapie eingesetzt werden.

Hamamelishydrolat (Hamamelis virginiana)

Hamamelis stammt aus der Familie der Zaubernussgewächse, deren Herkunft die USA ist. Der Duft erinnert an Rinde.

Wirkung:

- adstringierend
- pflegt besonders fettende Haut
- hemmt Entzündungen
- stillt Juckreiz
- erfrischt

Anwendung:

- Akne
- Hämorrhoiden
- Insektenstiche
- Krampfadern
- Schuppenflechte

Hamamelishydrolat eignet sich sehr gut für die reife Haut als Gesichtswasser. Dafür wird das Hydrolat mit Rosenwasser im Verhältnis 1:1 gemischt.

Venenspray
45 ml Hamamelishydrolat
5 ml Wodka
3 Tropfen Zypresse
3 Tropfen Rosengeranie
3 Tropfen Zeder
1 Tropfen Pfefferminze

Geben Sie alle aufgezählten ätherischen Öle mit dem Hamamelishydrolat und dem Wodka in eine Sprühflasche. Das Spray eignet sich besonders bei schweren und geschwollenen Beinen und kann bei Bedarf aufgesprüht werden.

Immortellenhydrolat (Helichrysum italicum)

Immortelle stammt aus der Familie der Korbblütler, deren Herkunft Korsika ist. Der Duft erinnert an Heu und kann curryartig sein.

Wirkung:

- lindert Schmerzen
- abschwellend
- hellt die Seele auf

Anwendung:

- Bluterguss
- geschwollene Augen
- nach einer zahnärztlichen Behandlung
- Prellung

Immortellenhydrolat gilt als Kollagen-Booster und wird als Feuchtigkeitsspender für reife Haut empfohlen.

Wenn Ihre Augen geschwollen sind, können Sie eine kühle Kompresse mit Immortellenhydrolat auf Ihre Augen legen. Es hilft nach zahnärztlichen Eingriffen als Gurgel-Spülung und kann bei Prellungen und Hämatomen genauso wirksam eingesetzt werden wie das ätherische Öl Immortellenöl, das eher hochpreisig ist.

Beulenspray
45 ml Immortellenhydrolat
5 ml Wodka
2 Tropfen Lavendel, fein
2 Tropfen Manuka

Geben Sie alle aufgelisteten Zutaten in eine Sprühflasche und sprühen Sie die Mischung bei Bedarf auf Prellungen oder Blutergüsse. Dieses Spray ist für die ganze Familie geeignet, auch für Kinder ab 1 Jahr.

Lavendelhydrolat (Lavendula angustifolia)

Lavendel stammt aus der Familie der Lippenblütler, deren Herkunft Frankreich, Balkan und Großbritannien ist. Der Duft ist eher krautig und riecht wenig nach Lavendel.

Wirkung:

- mindernd bei Juckreiz
- hautpflegend
- hemmt Entzündungen
- erfrischt
- mindert Ängste
- entspannt

Anwendung:

- Akne
- Angst/Unruhe
- Hitzewallungen
- Insektenstiche
- Juckreiz
- Schlaflosigkeit

Lavendelhydrolat kann als After-Sun verwendet werden, da es Sonnenbrand lindert und die Haut beruhigt. Eine kulinarische Attraktion ist Lavendelhydrolat als Beigabe zu Süßspeisen wie Eis.

Insektenstichgel
40 ml Lavendelhydrolat
10 ml Wodka
1–2 Messerspitzen Xanthan
8 Tropfen Lavendel, fein
4 Tropfen Pfefferminze
2 Tropfen Zypresse

Geben Sie die Öle, das Lavendelhydrolat und den Wodka in ein verschließbares Gefäß und streuen Sie das Xanthan vorsichtig darüber. Verrühren Sie anschließend alles mit einem Milchschäumer.

Geben Sie das Gel auf Insektenstiche. Es ist für die ganze Familie geeignet, für Kinder ab 6 Jahren. Sofern Sie das Pfefferminzöl weglassen, können es auch Kinder ab 3 Jahren benutzen.

Melissenhydrolat (Melissa officinalis)

Melisse stammt aus der Familie der Lippenblütler, deren Herkunft Frankreich und Deutschland ist. Der Duft ist eher krautig und grün.

Wirkung:

- mildert Juckreiz
- beruhigt
- hemmt Entzündungen
- antiviral
- mindert Ängste

Anwendung:

- Angst
- Herpesinfektionen
- Hyperaktivität
- Insektenstiche
- Virusinfekte
- Windelpflege
- Windpocken

Zur Behandlung aller Herpesinfektionen kann Melissenhydrolat in reiner Form auf die betroffene Haut gesprüht werden, sofern es keinen Alkohol enthält. Melissenhydrolat kann zur Behandlung von Angstzuständen und Virusinfektionen oral eingenommen werden. 1 Teelöffel in ein Glas Wasser geben und trinken. Kinder können dies ab 6 Jahren tun.

Bläschenspray (Gürtelrose und Windpocken)
50 ml Melissenhydrolat
2 Tropfen Rosengeranie
2 Tropfen Ravintsara
2 Tropfen Teebaum
2 Tropfen Lavendel, fein

Mischen Sie alle Zutaten in einer Sprühflasche und sprühen Sie es auf die betroffenen Hautstellen. Beachten Sie vor jeder Anwendung, dass Sie das Spray gut schütteln. Kinder dürfen dieses Spray ab 3 Jahren verwenden.

Orangenblütenhydrolat (Citrus x autantium)

Orangen stammen aus der Familie der Rautengewächse, deren Herkunft Frankreich und Italien ist. Der Duft ist frisch und blumig.

Wirkung:

- mildert den Juckreiz
- pflegt die Haut
- hemmt Entzündungen
- erfrischt
- mindert Ängste
- entspannt

Anwendung:

- Akne
- Angst/Unruhe
- Couperose
- Schockerlebnisse
- Stimmungsschwankungen
- Trauer, Sterbebegleitung

Orangenblütenhydrolat ist eine wirksame Erste Hilfe bei Angst, Unruhe und Schock. Einfach auf Puls und Brustbereich sprühen. Auch bei sehr nervösen und unruhigen Hunden werden gute Ergebnisse erzielt. Mischen Sie dazu Orangenblütenhydrolat mit Rosenhydrolat im Verhältnis 1:1. Sprühen Sie die Mischung auf Ihre Hände und lassen Sie Ihren Hund daran riechen.

Erste-Hilfe-Spray für die Haut und die Seele
10 ml Orangenblütenhydrolat
10 ml Rosenhydrolat
10 ml Lavendelhydrolat

Verwenden Sie hierfür eine 30 ml Sprühflasche und geben Sie alle drei Hydrolate hinein. Dieses Spray können Sie nun bei Bedarf auf Ihr Dekolleté sprühen und Ihre Stimmung aufhellen.

Pfefferminzhydrolat (Mentha x piperita)

Pfefferminze stammt aus der Familie der Lippenblütler, deren Herkunft Frankreich und Deutschland ist. Der Duft ist krautig und ein wenig minzig.

Wirkung:

- juckreizlindernd
- hemmt Schmerzen
- kühlt
- erfrischt
- fördert die Verdauung

Anwendung:

- Hautjucken
- Herpesinfektionen
- Hitzewallungen
- Insektenstiche
- Venenpflege

Wenn es zu heiß ist, verwenden Sie Pfefferminzhydrolat. Es erfrischt die Haut im Sommer und an heißen Tagen und kühlt sanft nach dem Sonnenbad. Es kann als Deodorant, Mundwasser oder Erfrischungsspray verwendet werden.

Eine Limo für den Sommer
1 Liter Bio-Apfelsaft, naturtrüb
1 Liter Mineralwasser
5 Esslöffel Pfefferminzhydrolat
2 Tropfen Orange (Achten Sie auf Lebensmittelqualität!)

Geben Sie das Orangenöl in den Apfelsaft und verrühren Sie es anschließend mit allen restlichen Zutaten. Als Hingucker ergänzen Sie Ihre Limo noch mit frischem Pfefferminzkraut. Trinken dürfen dies Kinder ab 4 Jahren.

Rosenhydrolat (Rosa x damascena)

Rosen stammen aus der Familie der Rosengewächse, deren Herkunft Bulgarien, Iran, Nord-Afrika und die Türkei ist. Der Duft ist rosig und blumig.

Wirkung:

- antibakteriell
- hemmt Entzündungen
- stark schmerzlindernd
- pflegt die Haut
- hemmt Juckreiz
- gleicht die Seele aus
- löst Ängste
- beruhigt

Anwendung:

- Bindehautentzündungen
- Hitzewallungen
- Intimpflege
- Juckreiz
- trockene Schleimhäute

Rosenhydrolat sollte in keiner Hausapotheke fehlen. Im Gegensatz zu dampfdestilliertem Rosenöl enthält es Phenylethanol, das stark schmerzstillend und antibakteriell wirkt. Das Hydrolat eignet sich als Gesichtswasser und Deodorant, zur Kinderpflege und als Raumerfrischer.

Kompresse bei Bindehautentzündung
Rosenhydrolat ohne Alkohol

Sprühen Sie 2 bis 3 Stöße auf zwei Wattepads und legen Sie diese auf Ihre geschlossenen Augen so lange, wie es sich für Sie gut anfühlt.

Rosmarinhydrolat (Salvia rosmarinus)

Rosmarin stammt aus der Familie der Lippenblütler, deren Herkunft Frankreich ist. Der Duft ist eher krautig, frisch und würzig.

Wirkung:

- anregend
- regt den Kreislauf an
- regeneriert die Kopfhaut
- fördert die Konzentration
- pflegt die Haut
- fördert die Durchblutung

Anwendung:

- Antriebslosigkeit
- Haarpflege
- Hautpflege
- Müdigkeit

Rosmarinhydrolat ist der Espresso der Aromatherapie. Es hat eine anregende Wirkung und kann die gleiche Wirkung wie Kaffee haben. Auch bei Nacht- und Schichtarbeiten kann Rosmarinhydrolat ähnlich wie Espresso die Durchblutung verbessern, Müdigkeit reduzieren und die Konzentration steigern.

Wachmach-Spray
50 ml Rosmarinhydrolat
5 Tropfen Grapefruit

Geben Sie das Rosmarinhydrolat und das ätherische Öl in eine Sprühflasche und sprühen Sie es bei Bedarf auf Puls und Dekolleté.

Teebaumhydrolat (Melaleuca alternifolia)

Der Teebaum stammt aus der Familie der Myrtengewächse, deren Herkunft Australien ist. Der Duft ist leicht medizinisch und bitter.

Wirkung:

- pflegt die Haut
- hemmt Entzündungen
- mildert Juckreiz
- reinigt und klärt

Anwendung:

- Akne
- Fußpilz und Vaginalpilz
- Lippenherpes
- Soor

Teebaumhydrolat ist eine wunderbare Pflege gerade für eine junge und unreine Haut, da Teebaumöl stark desinfizierend,jedoch als Hydrolat sehr sanft ist.

Reinigungswasser bei Akne
40 ml Teebaumhydrolat
10 ml Wodka
1 Tropfen Salbeiöl
3 Tropfen Teebaum
2 Tropfen Lavendel, fein
1 Tropfen Manuka

Geben Sie den Wodka in eine 50 ml Sprühflasche und tropfen Sie alle ätherischen Öle hinein. Füllen Sie dann mit dem Hydrolat auf. Beachten Sie, dass Sie vor jeder Anwendung die Flasche gut schütteln, bevor Sie die Lösung auf ein Wattepad sprühen, um damit Ihr Gesicht zu reinigen.

Die Bedeutung von Qualität und Reinheit

Die Qualität ätherischer Öle variiert stark. Um sich im Labyrinth der Etiketten und Siegel zurechtzufinden und die Angaben der Hersteller zu verstehen, finden Sie im Folgenden die wichtigsten Tipps und Informationen dazu.

Naturreine ätherische Öle

Rein natürliche ätherische Öle, auch „genuin" genannt, werden aus botanisch definierten Pflanzen gewonnen. Es werden keine Chemikalien hinzugefügt oder Inhaltsstoffe entfernt. Die Zusammensetzung der Inhaltsstoffe kann naturgemäß schwanken. Daher ist die eindeutige Angabe des Herkunftslandes auf dem Etikett unbedingt erforderlich.

Naturidentische ätherische Öle

Naturidentische ätherische Öle bestehen aus einzelnen Molekülen, die natürlich vorkommen, aber im Labor synthetisch hergestellt werden. Ihnen fehlen die synergistischen Wirkungen reiner, natürlicher ätherischer Öle, da sie nicht auf natürliche Weise in Pflanzen hergestellt werden. Letztlich können die oben aufgelisteten Öle auch naturidentisch hergestellt werden, dies wird beziehungsweise sollte immer angegeben werden.

Standardisierte ätherische Öle

Standardisierte ätherische Öle unterliegen, wie der Name schon sagt, einem Standard. Das Deutsche Arzneibuch (DAB) Ph. EUR. 9.0 (Band 9) listet derzeit etwa 30 standardmäßige ätherische Öle auf, die eine bestimmte Zusammensetzung haben müssen. Wenn dieser Standard nicht erreicht wird, müssen möglicherweise Verbesserungen vorgenommen werden. Es gibt keine Anforderungen an Anbaumethoden oder Produktionsprozesse.

Chemotypen sind im DAB-Standard nicht enthalten. Das bedeutet, dass viele verschiedene Chemotypen wie Thymian, Rosmarin und Eukalyptus im DAB-Standard nicht verfügbar sind.

Beispiel:
In Eucalyptus globulus kann der Gehalt an 1,8-Cineol je nach Quelle stark variieren (50 bis 90 %). Um die Wirksamkeit des Öls sicherzustellen, weist das Öl manchmal einen „standardisierten" Cineolgehalt auf, zum Beispiel „Eukalyptus (Cineol 85 %)". Durch den Rektifikationsprozess wird eine bestimmte Konzentration des Inhaltsstoffs erreicht. Selbstverständlich muss eine solche Änderung auch deutlich auf der Flasche vermerkt sein!

Definition: Chemotypen
Für einige Pflanzenarten ist neben dem offensichtlichen botanischen Namen eine zusätzliche chemotypische Unterteilung erforderlich. Chemotypen sind Pflanzensorten, die den gleichen botanischen Namen haben, sich aber in der chemischen Zusammensetzung unterscheiden, beispielsweise je nach Region, Standort und Erntezeitpunkt.
Aufgrund der unterschiedlichen Zusammensetzung der Inhaltsstoffe unterscheidet sich der chemische Typ nicht nur im Geruch, sondern auch in der Wirkung.

Beispiel Thymian:
Thymian Ct. Linanool oder Geraniol: hautfreundlich, beruhigend und ausgleichend
Thymian Ct. Carvacrol/Thymol: hautreizend, nicht geeignet für Kinder

Synthetische Düfte

Synthetische Düfte werden aus Molekülen hergestellt, die in dieser Form in der Natur nicht vorkommen, sondern im Labor hergestellt werden. Diese sind in der Regel kostengünstig und werden zur Beduftung industriell hergestellter Produkte wie Waschmittel, Kosmetika und anderen verwendet, wie etwa Meeresbriseduft oder Moschusduft.

Ausgewählte Bio- und Qualitätssiegel für ätherische Öle

Wenn ätherische Öle in Bio-Qualität angeboten werden, müssen sie über ein anerkanntes Bio-Siegel verfügen. Die folgenden Bio- und Naturkosmetik-Siegel entsprechen mindestens den europäischen Umweltvorschriften und sind häufig auf Etiketten ätherischer Öle zu finden.

- **Natrue-Label:** zertifiziertes Naturkosmetikprodukt mit einem sehr hohen Anteil an kontrolliert biologischen Inhaltsstoffen
- **Ecocert-Siegel:** zertifizierte Naturkosmetikprodukte aus Bio-Zutaten nach ECOCERT-Empfehlungen
- **Demeter-Siegel:** zertifizierte Bio-Produkte aus biologisch-dynamischer Landwirtschaft nach Demeter-Richtlinien
- **Biosuisse-Siegel:** Schweizer zertifiziertes Bio-Produkt, hergestellt nach strengen Umweltstandards
- **EU-Bio-Siegel:** zertifizierte Bio-Produkte, die nach den EU-Richtlinien für Bio-Lebensmittel hergestellt werden, gelten in der gesamten EU

Tipps und Prüfkriterien für ätherische Öle
- **Herkunft**: Welche Angaben sind auf der Anbieterseite bezüglich der Anbauregion zu finden?
- **Produkte**: Bietet der Anbieter auch Öle aus ökologischem Anbau an?
- **Projekte**: Pflegt der Lieferant direkten Kontakt zu den Herstellern oder kooperiert er mit ihnen und unterstützt sie durch garantierte Kaufverträge?
- **Siegel**: Verfügt das Öl über ein anerkanntes Qualitätszeichen?
- **Preis**: Sind die Ölpreise mit denen anderer Anbieter vergleichbar?

Wichtige Informationen auf den Etiketten ätherischer Öle

Der Gesetzgeber in Deutschland verlangt klare Deklarationen auf allen Flaschen. Wichtig zu wissen ist, dass sich jedes produzierende Unternehmen für einen der drei unten aufgeführten Anwendungszweck entscheiden muss.

Diese Entscheidung hat Auswirkungen auf die Deklarationspflicht:

- Bedarfsmittel
- Kosmetikum
- Lebensmittel

Bedarfsmittel
Wenn ein ätherisches Öl als Verbraucherprodukt zugelassen ist, müssen laut Gesetz die folgenden Informationen auf dem Etikett erscheinen:

- Sicherheitshinweis
- Verfallsdatum nach dem Öffnen
- Pflanzenname
- Extraktionsmethode
- Teil der Pflanze, aus der ätherische Öle gewonnen wurden
- Qualität, zum Beispiel aus der Wildsammlung oder eigens angebaute Exemplare
- Herkunftsland
- Zertifizierungs-/Kontrollstelle
- Seriennummer
- Beschreibung, zum Beispiel 100 % natürliches ätherisches Öl
- Füllmenge
- empfohlene Anwendung, zum Beispiel für Saunen
- Gefahren- und Warnsymbole, abhängig von der Ölsorte

> Ätherische Öle, die als Bedarfsmittel zugelassen sind, tragen häufig ein Gefahrensymbol auf der Flasche.

Kosmetikum
Wenn ein ätherisches Öl als Kosmetikum zugelassen ist, schreibt der Gesetzgeber vor, dass das Etikett folgende Informationen enthalten muss:

- Sicherheitshinweis
- Seriennummer
- INCI = Ingredients (Inhaltsstoffe)
- Zertifizierungs-/Kontrollstelle
- Pflanzenname
- Extraktionsmethode
- Qualität
- Herkunftsland
- Beschreibung, zum Beispiel 100 % natürliches ätherisches Öl

- Dosierungsempfehlung
- Naturkosmetik-Logo
- Füllmenge
- Verfallsdatum nach dem Öffnen

Definition: INCI

INCI steht für International Nomenclature of Cosmetic Ingredients, auf Deutsch: Internationale Nomenklatur für kosmetische Inhaltsstoffe. Dabei handelt es sich um internationale Richtlinien zur Inhaltsstoffdeklaration auf Kosmetikverpackungen.

Laut INCI müssen 26 verschiedene natürliche Aromamoleküle deklariert werden. Wenn ein ätherisches Öl als Kosmetikum zugelassen ist und deklarierte Aromamoleküle enthält, müssen diese ab einer bestimmten Konzentration gemäß EU-Vorschriften auf der Verpackung aufgeführt werden.

Lebensmittel

Wenn ein ätherisches Öl als Lebensmittel zugelassen ist, muss das Etikett laut Gesetz folgende Informationen enthalten:

- Sicherheitshinweis
- Seriennummer
- Verfallsdatum
- Füllmenge
- Zweck der Anwendung
- Kontrollstellennummer
- Bestandteilliste

Zusammengefasst:

Ätherische Öle verschiedener Hersteller können unterschiedliche Angaben auf dem Etikett enthalten. Die Informationen, die Sie auf dem Etikett finden, hängen von der Entscheidung des Herstellers über den Hauptzweck ab, für den sein Produkt verkauft werden soll. Es können jedoch keine Rückschlüsse auf die Qualität des Öls gezogen werden.

Wie Anbieter die Qualität prüfen

Die Qualität ätherischer Öle kann auf verschiedene Arten getestet werden.

Vor aufwändigen Analyseverfahren werden ätherische Öle von geschulten und erfahrenen Experten auf Geruch, Geschmack, Farbe und Konsistenz geprüft.

Es stehen technisch dennoch teure Analysemethoden mittels Gaschromatographie und Massenspektrometrie zur Verfügung, welche die Zusammensetzung des ätherischen Öls sorgfältig analysieren. Es lassen sich auch häufig synthetische Zusatzstoffe oder Pestizide identifizieren.

Definition: Gaschromatographie

Die Gaschromatographie ist eine Analysemethode zur Trennung und Identifizierung chemischer Verbindungen in einer Probe. Die Probe wird durch eine Säule geleitet, die mit einem Trägergas (normalerweise Helium oder Stickstoff) gefüllt und mit einer stationären Phase beschichtet ist. Durch unterschiedliche Wechselwirkungen mit der stationären Phase und dem Trägergas werden die verschiedenen Bestandteile der Probe voneinander getrennt. Anschließend können die einzelnen Komponenten mithilfe des Detektors identifiziert und quantifiziert werden. Die Gaschromatographie wird häufig in der chemischen Analyse, Umweltanalyse, Lebensmittelanalyse und der Pharmaindustrie eingesetzt.

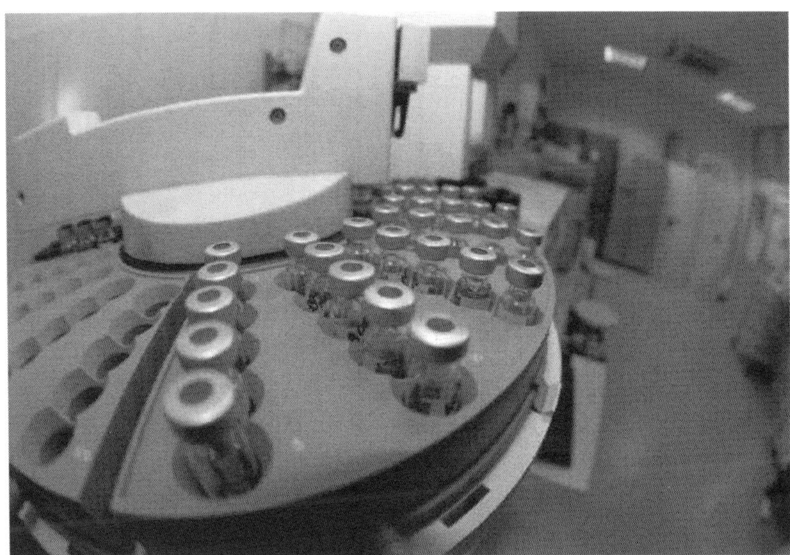

Definition: Massenspektrometrie

Die Massenspektrometrie ist wie die Gaschromatographie eine Analysemethode, welche allerdings die Masse und Struktur chemischer Verbindungen in einer Probe bestimmt. Zuerst wird die Probe in Komponenten zerlegt und ionisiert, dann werden die Ionen getrennt und von einem Massenspektrometer anhand ihres Masse-Ladungs-Verhältnisses (m/z) erfasst. Diese Daten können zur Identifizierung und Quantifizierung chemischer Verbindungen verwendet werden. Die Massenspektrometrie wird ebenso in vielen verschiedenen Bereichen wie der chemischen Analyse, der Umweltanalyse, der Lebensmittelanalytik, der medizinischen Diagnostik und der pharmazeutischen Industrie eingesetzt.

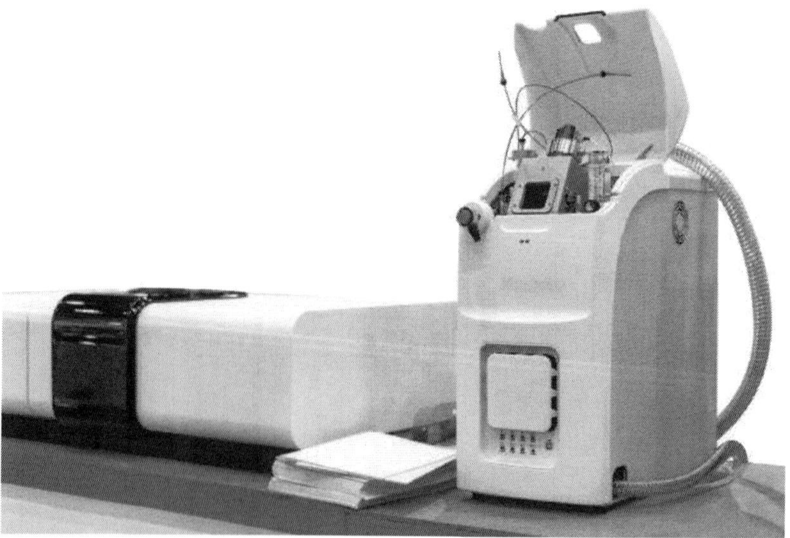

Welche Qualitätsmerkmale Ihnen wichtig sein sollten

- Die Ausgangspflanze wurde ohne Pestizide und möglichst biologisch angebaut.
- Die Erntezeit sollte optimal und der Pflanze entsprechend sein.
- Die Öle sind naturbelassen, also genuin.
- Es findet keine Lagerung über die Haltbarkeit hinaus statt.
- Das Öl sollte in dunklen Flaschen verkauft werden.

Was Sie tun können, damit Ihr Öl lange haltbar ist

- Schließen Sie das Fläschchen direkt nach Gebrauch wieder, da die ätherischen Öle mit Sauerstoff und Luftfeuchtigkeit reagieren.
- Schreiben Sie das Datum auf die Flasche nach dem erstmaligen Öffnen.
- Lagern Sie Ihre Öle immer kühl und trocken.

Wie Sie erkennen können, ob Ihr Öl qualitativ noch verwendbar ist

Ätherische Öle haben eine unterschiedliche Haltbarkeit. Monoterpenreiche Öle sind am kürzesten haltbar, da sie nach dem Öffnen der Flasche leicht oxidieren.

Zu diesen Ölen gehören unter anderem viele Arten von Nadelölen, alle Zitrusöle und Teebaumöl. Zu den Anzeichen einer Oxidation oder einer zu langen Lagerung gehören:

- Chamazulenhaltige (blaue) Öle wie die Schafgabe färben sich grün
- Zitrusöle bilden Wachse und der Duft ist nahezu zerstört

Eigenschaften von Ölen, die Monoterpene enthalten, nach Ablauf des Verfallsdatums:

Beispiel Nadelbaumöl: riecht weniger nach Holz, sondern eher nach Pinselreiniger
Beispiel Zitrusöl: riecht weniger fruchtig, sondern dumpf

Eigenschaften aldehydhaltiger Öle nach Ablauf des Verfallsdatums:

Beispiel Zitronenmelisse, Eukalyptus citriodora, Zitronengras und Zitronenmyrte: Sie werden klebrig, dunkel und fadenziehend.

Eigenschaften ätherischer Öle nach dem Verfallsdatum:

Beispiel Lavendel, Kamille, Petitgrain und Salbei: Sie werden immer klebriger und zähflüssiger.

Allgemeiner Hinweis:
Letztlich ist für alle ätherischen Öle der Duft ein klarer Hinweis, ob diese nicht mehr haltbar sind, denn jedes frische, noch haltbare Öl hat einen charakteristischen Duft. Verändert sich dieser, könnte es ranzig geworden sein.

Sicherheitsrichtlinien und richtige Anwendung

Ätherische Öle können grundsätzlich bedenkenlos verwendet werden, da sie pflanzlich und naturrein sind. Sie dienen Ihrer Gesundheit und Ihrem Wohlbefinden. Wenn es um Ernährung geht, haben Sie wahrscheinlich schon einmal das Sprichwort „In Maßen ist alles gut" gehört. Dies gilt auch für ätherische Öle. Wenn sie in Maßen und in der richtigen Dosierung angewendet werden, helfen sie dem Körper und richten keinen Schaden an. Obwohl diese Öle im herkömmlichen Sinne keine Heilmittel sind, werden sie für medizinische Zwecke verwendet. Daher sollten sie nur gemäß der Gebrauchsanweisung eingenommen werden.

Hinweis:
Wenn Sie ätherische Öle auf Ihre Haut auftragen möchten, tragen Sie mit einem Wattepad einen Tropfen ätherisches Öl auf Ihren Unterarm auf. Nach etwa 15 Minuten können Sie erkennen, ob Ihre Haut allergisch und unverträglich gegenüber dem Öl ist. Nur dann ist der Einsatz sicher.

Ätherische Öle haben grundsätzlich nichts im Ohrinneren zu suchen. Wer es innerlich anwendet, sollte das Öl – nach Rücksprache mit einem Arzt – vor der Anwendung stark verdünnen. Auch beim Auftragen auf die Haut sollte das Öl immer verdünnt werden. Bei der Verwendung als Aromaöl oder zur Inhalation ist keine Verdünnung erforderlich.

Wenn Sie Kopf- oder Nackenschmerzen haben, können Sie auch einen oder zwei Tropfen des Öls auf Ihren Nacken oder Ihre Stirn auftragen, ohne es mit Wasser zu vermischen. Möchten Sie größere Flächen behandeln, empfiehlt sich immer eine Mischung, um Hautreizungen und Ausschläge zu vermeiden.

Es gibt einige Grundlagen zum richtigen Verdünnen ätherischer Öle. Mit diesen Informationen sind Sie auf der sicheren Seite und können das Öl bedenkenlos auf Ihre Haut auftragen:

Allgemeine Dosierungsanleitung

- 20 Tropfen ätherisches Öl auf 100 ml Wasser
- 10 Tropfen ätherisches Öl auf 50 ml Wasser
- 6 Tropfen ätherisches Öl auf 30 ml Wasser
- 4 Tropfen ätherisches Öl auf 20 ml Wasser
- 3 Tropfen ätherisches Öl auf 15 ml Wasser
- 2 Tropfen ätherisches Öl auf 10 ml Wasser

Aufgrund dessen, dass die Skala eines Messbechers normalerweise bei 20 ml beginnt, können Sie einen Teelöffel mit etwa 5 ml und einen Esslöffel mit etwa 15 ml verwenden.

Treffen Sie besondere Vorsichtsmaßnahmen, wenn Sie ätherische Öle bei Kindern anwenden. Vor der Anwendung sollten Sie unbedingt Ihren Kinderarzt fragen, ob Ihr Kind dieses ätherische Öl verträgt und ob es zur Behandlung seiner Beschwerden eingesetzt werden kann.

Vermeiden Sie nach Möglichkeit die Anwendung ätherischer Öle bei Ihrem Baby in den ersten zwei Lebensjahren, besonders Eukalyptus-, Minz- und Thymianöl, Kampfer und Menthol. Diese können bei Säuglingen und Kleinkindern schnell zu Atemproblemen und lebensbedrohlichen Krampfanfällen führen.

Es gibt sanfte ätherische Öle für Kinder, die bei bestimmten Erkrankungen sicher verwendet werden können. Halten Sie sich daher unbedingt an folgende Richtlinien, um Ihrem Kind nicht zu schaden, sondern schonend zu helfen:

- Bewahren Sie die ätherischen Öle auf keinen Fall im Kinderzimmer auf.
- Verwenden Sie ausschließlich qualitativ hochwertige Öle.
- Testen Sie das Öl auch bei Ihrem Kind durch einen winzigen Tropfen auf dem Oberschenkel. Rötet sich die Stelle, sollte eine Therapie nicht durchgeführt werden.
- Verwenden Sie das Öl nicht auf den Schleimhäuten oder im Gesicht Ihres Kindes.
- Bei der Verwendung von sonnenempfindlichen Ölen auf der Haut, wie Zitronenöl, sollte Ihr Kind weder in die Sonne noch in den Schatten.
- Bei Kindern ab dem vierten Monat dürfen, mit Wasser verdünnt, die Öle Fenchel, Lavendel, Mandarine und römische Kamille verwendet werden.
- Beachten Sie stets die Gebrauchsanweisung und die empfohlene Verdünnung.

- Bei Kindern bis zu 14 Jahren liegt die Dosis bei einem Tropfen ätherischen Öls auf 99 Tropfen einer Trägersubstanz, wie etwa Kokosöl, Jojobaöl, Mandelöl oder Nachtkerzenöl.
- In kindersicheren Konzentrationen können Kinder ab 5 Jahren mit folgenden beruhigenden ätherischen Ölen behandelt werden: Angelikawurzel (beruhigend, krampflösend), Geranium (antiseptisch), Fenchel (bei krampfenden Blähungen, schleimlösend), Manuka (antibakteriell), Majoran (fördert den Schlaf, wärmend), Zitrone (stärkt das Immunsystem, fördert die Konzentration).

Anwendungen bei Kindern

Einschlafschwierigkeiten

Wenn Ihr Kind unter Schlafstörungen leidet, geben Sie vier Tropfen Lavendelöl zu 20 ml Pflanzenöl und massieren vor dem Schlafengehen sanft seinen Rücken, bis das Öl absorbiert ist.

Für eine bessere Konzentration

Wenn Ihr Kind Schwierigkeiten hat, sich zu konzentrieren, geben Sie zwei bis drei Tropfen Zitronen- oder Zedernöl in das Wasser einer Aromalampe und zünden anschließend die Kerze an. Der diffuse Duft fördert die Konzentration und verbreitet zudem ein frisches, angenehmes Ambiente.

Zur Behandlung bei Erkältungen

Wenn Ihr Kind eine Erkältung mit leichtem Husten und Schnupfen hat, können Sie ätherische Öle verwenden, um ihm das Atmen zu erleichtern.

Mischen Sie zwei Tropfen Lavendel- oder Majoranöl mit 10 ml Pflanzenöl und massieren Sie damit die Brust mit leichten Massagebewegungen.

Bei Blähungen

Wenn Ihr Kind Blähungen oder leichte Koliken hat, kann Fenchel oder Kamille hilfreich sein. Mischen Sie zwei Tropfen Öl mit 10 ml Pflanzenöl und massieren Sie damit sanft den Bauch.

Die Anwendung bei Schwangeren und stillenden Müttern

Die Schwangerschaft und die anstehende Geburt bilden für jede Mutter eine Zeit, die mit sehr schwankenden Emotionen und gravierenden Veränderungen verbunden ist. Hormonelle Veränderungen im Körper gehen mit großen Veränderungen im täglichen Lebensstil einher und führen bei der werdenden Mutter häufig zu körperlichen und geistigen Problemen. Eine Aromatherapie mit ätherischen Ölen kann bei vielen schwangerschaftsbedingten Problemen eine sanfte Linderung bringen. Allerdings sollten Sie bei der Anwendung der Aromatherapie, insbesondere in dieser sensiblen Zeit, besonders vorsichtig sein und sich immer mit Ihrem Arzt, Ihrer Hebamme oder Ihrem Therapeuten über die Verwendung ätherischer Öle beraten.

Auch für Schwangere ist die Aromatherapie eine natürliche und besonders sanfte Methode, die ausschließlich auf natürlich duftenden Pflanzenessenzen basiert – seien es Ihre Lieblingsdüfte in einer Aromalampe, in Aromabädern oder ätherische Öle, die den Körper mit einem angenehmen Duft anregen. Da schwangere Frauen jedoch stark auf Gerüche reagieren können, kann es während der Anwendung zu Übelkeit und Erbrechen kommen. Hier ist es natürlich ganz individuell und kommt auf die eigene Person an. Doch ätherische Öle können eine sanfte Wirkung auf Stimmungsschwankungen haben. Ausgewählte Öle, wie das Ingweröl, sind auch ideale Mittel gegen Übelkeit während der Schwangerschaft oder andere Probleme, die durch hormonelle Veränderungen im Körper verursacht werden. Beispielsweise kann das Auftragen aromatischer Essenzen auf die Haut helfen, Dehnungsstreifen vorzubeugen. Allerdings gibt es einige Grundregeln, die während der Schwangerschaft beachtet werden sollten.

Dosierung für Schwangere

Vermeiden Sie auf alle Fälle die Verwendung ätherischer Öle innerlich während der Schwangerschaft. Massage- und Raumduftmischungen sind jedoch eine gute Alternative. In dieser Zeit ist es besonders wichtig, nur natürliche und bewährte Produkte zu verwenden. Einerseits sollte die Dosierung etwas niedriger ausfallen, andererseits sollte besonders auf die individuellen Vorlieben und Abneigungen während der Schwangerschaft geachtet werden. Bei einer Aromatherapie ist eine professionelle Unterstützung immer hilfreich und insbesondere in der Schwangerschaft sollte der Einsatz mit Ihrer Hebamme oder Ihrem Gynäkologen besprochen werden.

Laut Dosierungsanleitung sollte nur die Hälfte der üblichen Erwachsenendosis verwendet werden. Aufgrund der Empfindlichkeit gegenüber Düften sollten werdende Mütter vor der Anwendung immer prüfen, ob das ätherische Öl, das sie verwenden möchten, für sie angenehm ist. Da auch Babys und Kleinkinder sehr empfindlich auf synthetische Duftstoffe reagieren, empfiehlt sich zur Hautpflege, insbesondere während und nach der Schwangerschaft, die Verwendung von kontrollierter Naturkosmetik oder selbstgemachten Aroma-Massageölen.

Erste Hilfe bei Augenkontakt mit dem ätherischen Öl

Augen mit reichlich warmem Wasser ausspülen. Anschließend können Sie gereizte Augen mit einem in Rosenhydrolat getränkten Wattepad beruhigen. Wenn Ihre Augen schmerzen, brennen oder Sie schlecht sehen, wenden Sie sich an einen Augenarzt.

Erste Hilfe bei Kontakt mit einer größeren Menge eines unverdünnten ätherischen Öls auf der Haut

Spülen Sie Ihre Haut lange mit kaltem Wasser ab. Anschließend können Sie Rosenhydrolat auf die gereizte Haut sprühen oder sie mit Mandelöl sanft massieren.

Auf einen Blick:

- sichere Aufbewahrung der ätherischen Öle vor Kindern
- keine Anwendung der ätherischen Öle in der Nähe der Augen
- auf Schleimhäute nicht unverdünnt aufbringen
- Kontaktprobe bei empfindlicher und zu Allergien neigender Haut
- ätherische Öle nicht innerlich anwenden, wenn keine explizite Rezeptur beschrieben ist

Aromatherapie für Körper und Geist

In diesem Kapitel dreht sich alles um die ätherischen Öle und ihre wunderbaren Eigenschaften für den Körper und Geist. Lassen Sie sich von den Rezepten inspirieren und entdecken Sie die natürliche Kraft der ätherischen Öle für eine tiefe Entspannung, einen gesünderen und erholsamen Schlaf sowie zur Steigerung der Konzentration und geistigen Klarheit. Erfahren Sie, wie ätherische Öle Ihnen helfen können, Ihr psychisches Wohlbefinden auf ein neues Level zu bringen.

Grundlagen der Aromatherapie und ihre Wirkungsweise

Die Aromatherapie wird durchgeführt, um Symptome zu lindern und die allgemeine Gesundheit des Körpers zu verbessern. Dabei stehen eine Vielzahl ätherischer Öle im Mittelpunkt, deren Düfte und Inhaltsstoffe auf Körper, Geist und Seele wirken. Abhängig von den Symptomen oder dem Allgemeinzustand des Anwenders wird ein Öl verwendet, dessen Zusammensetzung sich deutlich darin widerspiegelt. Bei der Aromatherapie sollten die Vorlieben und Abneigungen des Einzelnen gegenüber bestimmten Düften berücksichtigt werden. Beispielsweise hat die Ingweröltherapie zur Behandlung einer Reisekrankheit den gegenteiligen Effekt, wenn der Anwender aufgrund einer Abneigung gegen Ingwer mit Übelkeit reagiert. Und ein Patient mit Kopfschmerzen wird mehr Schmerzen verspüren, wenn er Rosmarin einnimmt, aber eine allergische Reaktion auf Rosmarin hat, die mit Kopfschmerzen einhergeht. Die Auswahl an ätherischen Ölen für verschiedene Beschwerden ist riesig, doch seien Sie versichert, Sie werden das richtige ätherische Öl finden, um Ihre Stimmung effektiv zu unterstützen oder zu verbessern.

Bei der Aromatherapie werden häufig ätherische Öle in Aromalampen verdampft. Dies hilft, um Depressionen zu reduzieren, die Gesundheit zu verbessern und Erkrankungen der oberen Atemwege zu lindern. Ziel dieser Therapie ist es, den bewussten Umgang mit dem Körper und seinen natürlichen Kräften zu erlernen und die gewonnenen Erkenntnisse sinnvoll einzusetzen. In der Aromatherapie wird daher vermittelt, sich selbst zu respektieren und zu akzeptieren. Schon die Ägypter verwendeten ätherische Öle zu beruhigenden oder heilenden Zwecken.

Obwohl viele traditionelle Mediziner mittlerweile Aromatherapie anwenden, gilt sie dennoch als eine Form der natürlichen Heilung. Viele Ärzte haben die Bedeutung der Heilkräfte der Natur in der Medizin erkannt. Sie sind eine ideale Unterstützung und Begleiter bei bestimmten Erkrankungen und ersetzen oft sogar eine Antibiotikatherapie. Wenn Sie leichte Beschwerden verspüren, können Sie zu Hause eine Aromatherapie mit ätherischen Ölen ausprobieren. Bei einer ergänzenden Anwendung oder in sehr hohen Konzentrationen bei komplexen Krankheitsbildern sollte die Verwendung unbedingt durch einen Arzt oder zumindest durch einen Heilpraktiker erfolgen. Bei dieser Therapie steht immer der Mensch als Ganzes im Mittelpunkt sowie die Aktivierung seiner Selbstheilungskräfte.

Definition: Selbstheilungskräfte

Unter den Selbstheilungskräften wird die natürliche Fähigkeit des Körpers, sich selbst zu regenerieren und zu reparieren, verstanden. Der Körper verfügt über Mechanismen, die es ihm ermöglichen, Wunden zu heilen, Krankheiten zu bekämpfen und das Gleichgewicht im Körper aufrechtzuerhalten. Diese Selbstheilungskräfte können auf vielen verschiedenen Ebenen wirken, einschließlich physischer, emotionaler und mentaler Aspekte.

Auf körperlicher Ebene umfasst die Selbstheilung Prozesse wie die Wundheilung, die Aktivität des Immunsystems zur Bekämpfung von Infektionen und Entzündungen sowie die Regeneration von Geweben und Organen. Auf emotionaler und mentaler Ebene kann Selbstheilung dabei helfen, Stress abzubauen, emotionalen Stress zu bewältigen und die psychische Gesundheit zu unterstützen.

Die Stärkung Ihrer Selbstheilungskräfte kann durch einen gesunden Lebensstil, ausgewogene Ernährung, regelmäßige Bewegung, ausreichend Schlaf, Techniken zur Stressbewältigung und andere Ansätze zur Selbstheilung gefördert werden. Die Unterstützung der Selbstheilungskräfte ist ein wichtiger Bestandteil vieler alternativer Therapien und ganzheitlicher Gesundheitsansätze, wie etwa der Aromatherapie mit ätherischen Ölen.

Ätherische Öle können in der Aromatherapie auch als Massagen, Bäder, innerlich angewendet oder unterstützend bei der Akupunktur eingesetzt werden.

Die Wirkung ätherischer Öle auf den Körper

Ätherische Öle haben je nach Heilpflanze und verwendeter Konzentration unterschiedliche Wirkungen auf den Körper. Das Wirkprinzip aller Öle ist jedoch das gleiche. Sie wirken einerseits über die Nase, andererseits über verschiedene Rezeptoren auf der Haut, einigen Organen und Schleimhäuten. Duft ist für den Menschen schon immer eine Art Warnsignal gewesen. Wir riechen die Gefahr, wir haben das Gefühl, dass etwas nicht stimmt. Schlechtes Essen erkennen wir mit der Nase und wenn wir jemanden buchstäblich nicht riechen können, meiden wir ihn. Wenn wir verschiedene aromatische Moleküle, beispielsweise ätherische Öle, einatmen, aktiviert unser Gehirn bestimmte Bereiche, die zu ganz bestimmten Stimmungen oder Effekten in unserem Körper führen. Wenn man bedenkt, dass wir mit unserem Geruchssinn bis zu 10.000 verschiedene Gerüche wahrnehmen, unterscheiden und abspeichern können, vollbringt unser Gehirn bei diesem Vorgang wahre Wunder. Die beiden amerikanischen Forscher und Nobelpreisträger Linda Buck (*1947) und Richard Axel (*1946) entdeckten mehr als 1.000 Gene, die dafür verantwortlich sind, dass wir riechen können. Um Düfte wahrnehmen zu können, benötigen wir also unser Riechzentrum, das limbische System. Die Fähigkeit, zu riechen, ist seit jeher im menschlichen Gehirn vorhanden. Es ist daher nicht verwunderlich, dass das Riechsystem das erste Sinnesorgan ist, das sich im menschlichen Embryo entwickelt, und dass Gerüche bereits im Mutterleib wahrgenommen werden können.

Düfte, die Sie einatmen, gelangen in den oberen Bereich Ihrer Nasenschleimhaut. Hier befinden sich Riechzellen mit geruchsempfindlichen Härchen – genannt Cilien. Diese Härchen bieten verschiedene Rezeptoren für Duftstoffmoleküle, diese heften sich an die entsprechenden Rezeptoren nach dem Schlüssel-Schloss-Prinzip.

Definition: Schlüssel-Schloss-Prinzip
Das Schlüssel-Schloss-Prinzip bedeutet, dass es ein „Schloss" gibt, in das meist nur ein bestimmter „Schlüssel" passt. Gemeint sind damit meist Moleküle. Ein „Schloss" kann auch viele passende „Schlüssel" haben. Dies geschieht, wenn einige Moleküle eine komplementäre Struktur zu einem anderen Molekül haben. Nach diesem Prinzip werden mindestens zwei Moleküle miteinander verbunden. Das Schlüssel-Schloss-Prinzip ist wichtig, da viele Moleküle ihre Funktion nur in Kombination mit einem geeigneten Gegenstück erfüllen können. Kurz gesagt beschreibt das Schlüssel-Schloss-Prinzip die präzise Kombination zweier oder mehrerer komplementärer Molekülstrukturen.

Es laufen mehrere komplexere Prozesse ab, bis die endgültige Information über den Geruch über Nervenimpulse durch die sogenannte Siebbeinplatte direkt in beide Riechkolben weitergeleitet wird. Von dort gelangen die Informationen über den Geruch in das limbische System. Das limbische System ist unter anderem für Ihre Stimmung und Emotionen verantwortlich. Gelangt ein Geruch dorthin, wird er interpretiert, die Sinne werden angeregt, gespeicherte Erinnerungen werden abgerufen, hormonelle Prozesse werden gesteuert und Botenstoffe werden freigesetzt. Das ist der Grund, warum die ätherischen Öle an den richtigen Ort gelangen und ihr volles Potenzial dort entfalten können. Die im Öl enthaltenen Aromamoleküle beeinflussen den negativen Zustand Ihres Körpers und versuchen, ihn in eine andere Richtung zu lenken. Lavendel wirkt beispielsweise beruhigend und kann bei Schlafstörungen beim Einschlafen helfen. Seine Partikel beeinflussen viele Reizstoffe, mit denen Sie ständig konfrontiert werden, filtern sie und beruhigen das Nervensystem. Sie kommen zur Ruhe, Ihr Körper entspannt sich und Sie können einschlafen.

Dieses System funktioniert auf ähnliche Weise bei Spannungskopfschmerzen, Stress und Angstzuständen. Die Wirkung ätherischer Öle auf Ihre Haut und Schleimhäute erfolgt über Rezeptoren, dank derer Aromamoleküle bis in die tieferen Hautschichten gelangen können. Vielleicht kennen Sie es noch, als Sie ein Kind waren und gegen Erkältungen mit Eukalyptussalbe auf Brust und Rücken eingecremt wurden. Ihre Partikel gelangen über die Haut in die Lunge und reinigen die Bronchien. Das Atmen fällt leichter und Sie fühlen sich wohler. Ätherische Öle werden besonders gut von der Haut aufgenommen, wenn die Haut warm und gut durchblutet ist. Interessanterweise können nach einiger Zeit des Massierens verschiedene Bestandteile ätherischer Öle im Blut nachgewiesen werden. Die fettlöslichen ätherischen Ölmoleküle gelangen über kleine Kapillaren in der Lederhaut in den Körper. Schleimhäute nehmen ätherische Öle besonders gut auf, sind aber gleichzeitig sehr empfindlich und können leicht gereizt werden. Relativ unbekannt ist, dass die Zusammensetzung der fetten Pflanzenöle als Trägersubstanz eine wichtige Rolle bei der Aufnahme von Wirkstoffen durch die Haut spielt. Je mehr ungesättigte Fettsäuren ein fettes Öl enthält, desto leichter kann es durch die Haut und in den Blutkreislauf eindringen. Daher erhalten Sie nun einen Einblick in die ausgewählten Pflanzenöle.

Pflanzenöle als Trägersubstanz für ätherische Öle

Pflanzenöle werden nicht nur zur Verdünnung ätherischer Öle verwendet, sondern dienen auch mehr als nur als Trägeröl. Sie nähren die Haut von außen und innen und regenerieren sie. Dies verdanken wir ihren wertvollen Wirkstoffen. An Trägersubstanzen, wie diese Öle, lagern sich die ätherischen Öle an und können so „getragen" werden. Jedes Pflanzenöl hat seine eigenen Eigenschaften und muss genauso sorgfältig ausgewählt werden wie ätherische Öle, um aromatische Schönheitsrezepte zu kreieren. Pflanzenöle werden hauptsächlich aus Samen und Früchten gewonnen. Die beste Qualität wird durch mechanische Kaltpressung erreicht. Diese Öle werden native Öle genannt. Ein Mazerat ist wiederum ein Pflanzenöl, in das Blüten längere Zeit eingelegt werden und aus denen dann Wirkstoffe extrahiert werden.

Innere Wirkung der Pflanzenöle

- schützen vor freien Radikalen
- senken das Cholesterin
- Lern-, Merk- und Denkfähigkeit werden unterstützt
- Herz und Kreislauf werden gestärkt
- Nervensystem wird gestärkt

Äußere Wirkung der Pflanzenöle

- Stärkung des Immunsystems
- Regeneration der Haut und Schleimhäute
- Juckreiz wird gemildert
- Entzündungen werden gehemmt
- Verhornungsprozess der Haut wird reguliert

Hinweis
Raffinierte und industriell hergestellte Pflanzenöle enthalten keine wertvollen Inhaltsstoffe, wie Carotinoide, Vitamin E und Spurenelemente, da sie in einem aufwendigen Prozess mit Lösungsmitteln, Wasser, Laugen und Dampf entfernt werden. Diese Pflanzenöle enthalten zudem praktisch keine ungesättigten Fettsäuren.

Aloe-vera-Mazerat (Aloe barbadensis)

Aloe vera stammt aus der Familie der Xanthorrhoeaceae, deren Herkunft Spanien und USA ist. Der Duft ist neutral.

Wirkung:

- spendet Feuchtigkeit
- sehr hautpflegend
- kühlt leicht

Anwendung:

- After-Sun-Mischungen
- Sonnenbrand
- Strahlenprophylaxe
- trockene Haut

Aloe-vera-Mazerat ist das perfekte Öl für den Sommer, da es schnell einzieht und der Haut ausreichend Feuchtigkeit spendet. Besonders wirksam ist das Mazerat als Bestrahlungsprophylaxe-Pflegeöl und als Basis für Bestrahlungs-Nachsorge-Pflegemischungen.

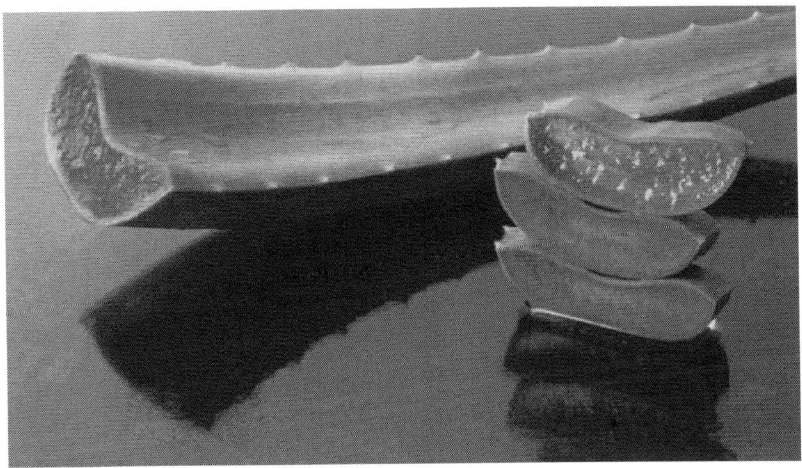

After-Sun-Öl
50 ml Aloe-vera-Mazerat
8 Tropfen Lavendel, fein
2 Tropfen Pfefferminze (erst für Kinder ab 6 Jahren)

Geben Sie das ätherische Öl in das Aloe-vera-Mazerat und vermischen Sie alles. Bei Bedarf einfach auf die feuchte Haut nach dem Sonnenbad auftragen.

Calophyllumöl (Calophyllum inophyllum)

Der Calophyllumbaum stammt aus der Familie der Clusiaceae, deren Herkunft Madagaskar ist. Der Duft ist aromatisch.

Wirkung:

- antiviral
- hemmt Entzündungen
- lindert Schmerzen
- stabilisiert Venen

Anwendung:

- Akne (eitrig)
- Gürtelrose (Herpes zoster)
- Herpes labialis
- Krampfadern
- verhärtete Narben

Calophyllum wird aus den Samen der Früchte des Indischen Lorbeerbaums, auch Tamanu genannt, gewonnen. Bei Temperaturen unter 20 Grad beginnt das Öl, auszuhärten.

Calophyllumöl enthält neben Fettsäuren auch Harze und ätherische Öle. Seine entzündungshemmenden und wundheilenden Eigenschaften haben sich bei der Behandlung von Akne, Ekzemen und Gürtelrose als wirksam erwiesen. Das Öl hat einen sehr stechenden Geruch und sollte daher im Verhältnis 1:1 mit anderen Pflanzenölen verdünnt werden.

Mischung bei Herpes labialis
10 ml Calophyllum
2 Tropfen Ravintsara
2 Tropfen Teebaum
2 Tropfen Melisse (100 %)

Geben Sie alle aufgelisteten Zutaten in ein kleines Fläschchen und betupfen Sie mehrmals am Tag die betroffenen Hautstellen mit einem Wattestäbchen. Auch, wenn das reine Melissenöl etwas teurer ist, so ist es bei Herpes besonders wirksam. Die Mischung ist für die gesamte Familie geeignet und für Kinder ab 4 Jahren.

Johanniskraut-Mazerat (Hypericum perforatum)

Johanniskraut stammt aus der Familie der Hypericaceae, deren Herkunft Deutschland ist. Der Duft ist krautig und erinnert an Olivenöl.

Wirkung:

- fördert die Durchblutung
- lindert Schmerzen
- wundheilend
- wärmend

Anwendung:

- Hexenschuss
- Ischiasbeschwerden
- Muskelkater
- Neuralgien
- Prellungen
- Sonnenbrand
- Verstauchungen
- Wunden

Johanniskraut ist eine heimische Heilpflanze und leicht zu erkennen: Es handelt sich um eine krautige Pflanze mit zweischneidigem Stängel, die Ende Juni in hellgelben Blüten blüht. Wenn Sie die Blumen zerdrücken, hinterlassen sie einen purpurroten Fleck auf Ihren Fingern.

Anti-Hexenschuss-Mischung
50 ml Johanniskraut-Mazerat
8 Tropfen Cajeput
4 Tropfen Majoran
4 Tropfen Mandarine, rot
4 Tropfen Lavendel, fein

Geben Sie die ätherischen Öle in das Johanniskraut-Mazerat und tragen Sie es bei Bedarf auf Ihre betroffenen, schmerzenden Stellen auf. Legen Sie sich ein Wärmekissen zur zusätzlichen Unterstützung auf Ihre Schmerzen, so kann sich die schmerzlindernde Wirkung noch besser entfalten.

Jojobaöl (Simmondsia chinensis)

Der Jojobastrauch stammt aus der Familie der Simmondsiaceae, deren Herkunft Mexiko, USA und Australien ist. Der Duft ist neutral bis leicht nussig.

Wirkung:

- hemmt Entzündungen
- reguliert die Feuchtigkeit und pflegt die Haut

Anwendung:

- Akne
- Ekzeme
- Juckreiz
- Schuppenflechte
- Trägeröl für Naturparfüms

Jojobaöl wird aus den Samen der Jojobapflanze gewonnen. Es handelt sich tatsächlich um flüssiges Wachs. Daher ist es kein Wunder, dass es bei Temperaturen unter 16 Grad Celsius aushärtet. Aufgrund seines geringen Geruchs und der langen Haltbarkeit eignet sich Jojobaöl ideal zur Herstellung von Roll-On-Produkten und natürlichen Parfüms.

Roll-On-Duft
10 ml Jojobaöl
4 Tropfen Vanilleextrakt
2 Tropfen Benzoe-Extrakt
2 Tropfen Tonka-Extrakt
4 Tropfen Mandarine, rot

Geben Sie alle ätherischen Öle mit dem Jojobaöl in einen Roll On und tragen Sie es bei Bedarf auf Ihre Haut auf. Ein Roll On ist ein kleines Fläschchen mit einem Roller, ähnlich wie ein Deoroller, sodass Sie den Duft ganz einfach mit ein paar Hin-und-Her-Bewegungen aufrollen können.

Kokosöl (Cocos nucifera)

Die Kokosnuss stammt aus der Familie der Arecaceae, deren Herkunft Südamerika und Ostasien ist. Der Duft ist natürlich kokosartig.

Wirkung:

- kühlend
- stabilisiert die Haut
- regeneriert die Haut
- pflegt das Haar und die Kopfhaut
- wehrt Zecken ab

Anwendung:

- Babymassageöl
- rissige Haut an den Händen und Füßen

- Sonnenbrand
- wirksamer Zeckenschutz

Kokosöl wird aus der Frucht der Kokospalme gewonnen. Sein zarter Duft ist sehr beliebt. Bei Raumtemperatur ist das Öl fest, es wird erst bei etwa 23 Grad Celsius flüssig. Kokosöl enthält fast 50 % Laurinsäure. Zecken mögen keine Laurinsäure, daher kann das Einreiben mit Kokosnussöl einem Zeckenbefall vorbeugen.

Hautöl
50 ml Kokosöl
4 Tropfen Vanilleextrakt
4 Tropfen Mandarine, rot
2 Tropfen Rosengeranie
2 Tropfen Ylang-Ylang

Schmelzen Sie das Kokosöl zuerst in einem Wasserbad und geben Sie dann die ätherischen Öle hinein. Verrühren Sie die Mischung und geben Sie diese in ein Schraubglas. Nach Bedarf tragen Sie das Öl auf Ihre Haut auf und genießen den Duft von einem tropischen Sommerabend. Haltbar ist dieses Hautöl etwa drei bis sechs Monate.

Mandelöl (Prunus dulcis var. dulcis)

Die Mandel stammt aus der Familie der Rosaceae, deren Herkunft Spanien und Südfrankreich ist. Der Duft ist blumig und fein.

Wirkung:

- Pflege für empfindliche Babyhaut
- mildert Juckreiz
- reizlindernd
- leicht wärmend
- der Feuchtigkeitshaushalt wird unterstützt

Anwendung:

- entzündete Haut
- Gesichtspflege besonders bei Augenfältchen
- Massageöl für die Kleinen und die Großen
- rissige und trockene Haut

Mandelöl ist für jede Haut sehr gut geeignet, denn es macht die Haut weich, glättet sie und spendet Feuchtigkeit. Mandelöl ist außergewöhnlich sanft, es zieht sehr leicht und schnell in die Haut ein. Dank seiner feuchtigkeitsspendenden Eigenschaften verbessert Mandelöl das Hautbild und den Hautton.

Öl-Pflegetücher
1 Packung Kosmetiktücher ohne Duftstoffe
100 ml Mandelöl
3 Tropfen Lavendelöl, fein (optional)

Nehmen Sie alle Kosmetiktücher aus der Verpackung und legen Sie diese in eine verschließbare Dose. Mischen Sie dann das Mandelöl mit dem ätherischen Öl und gießen Sie dies nun über die Kosmetiktücher. Verschließen Sie die Dose nach jeder Anwendung. Die Tücher sind für Babys ab der Geburt geeignet.

Olivenöl (Olea europaea)

Die Olive stammt aus der Familie der Oleaceae, deren Herkunft Spanien und Griechenland ist. Der Duft ist fruchtig und erinnert an das Grüne.

Wirkung:

- spendet Feuchtigkeit
- sehr hautpflegend
- kühlt leicht

Anwendung:

- After-Sun-Mischungen
- Sonnenbrand
- Strahlenprophylaxe
- trockene Haut

Olivenöl enthält Oleocanthal als Inhaltsstoff, das entzündungshemmend und schmerzstillend wirkt. Johanniskraut und Ringelblume werden oft in mazerierter Form in Olivenöl extrahiert, da Olivenöl nicht so schnell ranzig wird.

Alleskönner für die Haut
50 ml Olivenöl
15 Tropfen Lavendel, fein

Füllen Sie das Olivenöl in eine Flasche und geben Sie dann das Lavendelöl hinzu. Mischen Sie beides gut miteinander. Dieser Alleskönner eignet sich sehr gut zur Linderung von Juckreiz, bei Muskelkater sowie Verspannungen, zur Intimpflege, bei Unruhe und bei Bauchschmerzen.

Sheabutter (Vitellaria paradoxa Butyrospermum parkii)

Der Sheabaum stammt aus der Familie der Sapotaceae, deren Herkunft der Sudan und Burkina-Faso ist. Der Duft kann neutral bis hin zu stark säuerlich sein.

Wirkung:

- bindet Feuchtigkeit
- pflegt Narben
- regeneriert die Haut
- stärkt das Bindegewebe
- normalisiert den Verhornungsprozess

Anwendung:

- Narbenpflege
- Neurodermitis
- rissige und trockene Haut
- Schuppenflechte
- Schwangerschaftsstreifen

Sheabutter ist eine sehr gute Grundlage für Salben. Sie sollte nicht über 37 Grad Celsius erhitzt werden, da sie nach dem Abkühlen ihre Konsistenz verändert und anfängt, zu bröckeln. Je nach Herkunft und Herstellungsverfahren kann Sheabutter unterschiedlich riechen. Aufgrund ihres starken Aromas wird oft milde desodorierte Sheabutter bevorzugt.

Balsam zur Ellenbogenpflege
20 g Sheabutter
1 Esslöffel Olivenöl
1 Tropfen Karottensamen
1 Tropfen Rosengeranie

Schmelzen Sie die Sheabutter in einem kleinen Tiegel im Wasserbad bei maximal 37 Grad Celsius. Geben Sie dann alle restlichen Zutaten hinzu und verschließen Sie den Tiegel. Schütteln Sie dann 2 bis 3 Minuten alles gut und tragen Sie den Balsam bei Bedarf auf Ihre Ellenbogen auf. Dieser Balsam ist etwa zwei Monate haltbar.

Sanddornfruchtfleischöl (Hippophae rhamnoides)

Sanddorn stammt aus der Familie der Elaeagnaceae, deren Herkunft Russland und die Balkanländer ist. Der Duft ist intensiv fruchtig.

Wirkung:

- lindert Schmerzen
- starke antioxidative Wirkung
- starke entzündungshemmende Wirkung
- regeneriert intensiv die Haut- und Schleimhäute

Anwendung:

- Aphten
- Ekzeme
- Entzündungen der Mundschleimhaut
- innerliche Anwendung bei Gastritis und Entzündungen der Speiseröhre
- Sonnenbrand
- Strahlenprophylaxe
- Verbrennungen

Sanddornfruchtfleischöl wird aus dem Fruchtfleisch und den Samen der Beere gewonnen. Es unterstützt wirksam die Heilung geschädigter Schleimhäute, insbesondere bei Aphten im Mundraum.

Mundpflegeöl bei Aphten

½ Teelöffel Sanddornfruchtfleischöl

Nehmen Sie den Teelöffel zu sich und verteilen Sie das Öl in Ihrem Mund mit der Zunge. Dies kann 1- bis 3-mal täglich angewendet werden.

Die innere Einnahme

In Deutschland ist die Einnahme ätherischer Öle „einfach so" nicht üblich. Ob eine innere Einnahme erfolgen soll, das sollte immer erst von einem Arzt oder einem Alternativmediziner angeordnet und nicht von Laien selbstständig entschieden werden, denn eine mangelnde Erfahrung im Umgang damit kann gesundheitliche Schäden verursachen. In Apotheken finden Sie jedoch Fertigpräparate mit ätherischen Ölen. Ätherische Öle können verdünnt als kulinarische Ergänzung verwendet werden, um Speisen und Getränken Geschmack zu verleihen, worüber Sie in Kapitel „Ätherische Öle in der Küche" mehr erfahren. Sie gelangen über die Mundschleimhaut und den Magen-Darm-Trakt in den Blutkreislauf.

Wussten Sie, dass Sie täglich ätherische Öle über die Nahrung zu sich nehmen? Sie finden sie unter anderem in geriebenen Zitronenschalen, Erdbeeren, Äpfeln, Nüssen und Gewürzen. Es handelt sich dabei um flüchtige ätherische Öle in stark abgeschwächter Form. Ein regelmäßiger Verzehr dient der Gesundheit, allerdings gilt auch hier „in Maßen". Die Darmschleimhaut nimmt die ätherischen Öle auf und transportiert sie zur Leber, wo sie in wasserlösliche Bestandteile umgewandelt und in den Blutkreislauf abgegeben werden. Die Nieren scheiden dann den Abfall der ätherischen Öle schließlich aus.

Auch über die Lunge können Geruchspartikel in die Blutbahn gelangen. Dieser Vorgang ist wichtig, wenn ätherische Öle zur Unterstützung bestimmter Organe verwendet werden. Dies gilt bei leichten Verdauungsbeschwerden mit beispielsweise Ingweröl oder harmlosen Harnwegsinfekten mit Cajeput oder Kardamom. Wenn ätherische Öle über die Haut und die Schleimhäute aufgenommen werden, helfen biochemische Prozesse dabei, Schmerzen zu lindern, die Durchblutung zu steigern, zu entspannen, die Verdauung zu regulieren, anzuregen, Schleim zu lösen und vieles mehr.

Ätherische Öle wirken auch gegen Mikroorganismen. Wissenschaftliche Untersuchungen haben gezeigt, dass ätherische Öle die Luft von Bakterien und Viren reinigen oder deren Vorkommen deutlich reduzieren können. Einige Öle können sogar Schimmel abtöten. Eine Schweizer Studie ergab, dass Keime innerhalb von 30 Minuten nach Zugabe bestimmter ätherischer Öle in der Klimaanlage wirksam abgetötet werden. Dies ist insbesondere in Krankenhäusern, medizinischen Zentren, Kindergärten und ähnlichen Einrichtungen nützlich. Aber auch Ihr Zuhause kann mit ätherischen Ölen auf natürliche Weise von alltäglichen Bakterien und Viren befreit werden. Das Risiko von Erkältungen und Magen-Darm-Erkrankungen wird verringert, die Luft wird gereinigt und Ihre Gesundheit verbessert sich. Da reine ätherische Öle aus mehreren Komponenten bestehen und daher auf mehreren Ebenen wirken, können sie Krankheitserreger bekämpfen, die gegen bestimmte Antibiotika resistent sind. Antibiotika enthalten oft nur einen Hauptwirkstoff, sodass ihre einfache Struktur schnell überwunden werden kann. Ätherische Öle sind komplex und schwer zu überwinden. Abschließend ist noch zu erwähnen, dass Öle eine immunstärkende Wirkung haben, sodass Sie bei regelmäßiger Anwendung erst gar keine Erkältungen bekommen.

Ätherische Öle wirken also auf folgende Weise:

- aktivierend
- antibakteriell
- antibiotisch
- antidepressiv
- antifungizid
- antimikrobiell
- antirheumatisch
- antiseptisch
- antiviral
- beruhigend
- desinfizierend
- entzündungshemmend
- immunstärkend
- konzentrationsfördernd
- krampflösend
- schmerzstillend
- stimmungsaufhellend
- verdauungsfördernd

Ätherische Öle für Stressabbau und Entspannung

Gerade in einer Welt, die wir heute als sehr schnelllebig wahrnehmen und in der Stress und Anspannung allgegenwärtig sind, suchen viele Menschen nach natürlichen Methoden, um Entspannung und eine Linderung von Stress zu erfahren. Ätherische Öle haben sich als wirksames und beliebtes Mittel erwiesen, um genau diese Entspannung und Gelassenheit zu erreichen. Diese natürlichen Pflanzenextrakte werden seit Jahrhunderten für ihre beruhigenden Eigenschaften geschätzt und in der Aromatherapie, bei Massagen und zu anderen stresslindernden Zwecken eingesetzt.

Die Verwendung ätherischer Öle zur Entspannung und Stressreduzierung basiert auf ihrer Fähigkeit, sowohl die physischen als auch die emotionalen Reaktionen des Körpers zu beeinflussen. Wie Sie bereits erfahren haben, enthalten die ätherischen Öle aromatische Moleküle, die, über die Nase aufgenommen, das limbische System des Gehirns stimulieren, das für Emotionen und Stressreaktionen verantwortlich ist – ebenso wie die Aufnahme über die Haut bis in den Blutkreislauf, um darüber eine beruhigende Wirkung zu entfalten. In diesem Kapitel werfen wir einen genaueren Blick auf verschiedene ätherische Öle, die für ihre stressabbauenden und entspannenden Eigenschaften bekannt sind. Sie erhalten verschiedene Einsatzmöglichkeiten in der Aromatherapie, Massage, beim Baden und bei anderen Entspannungstechniken und bekommen Anwendungsbeispiele, um diese wertvollen Naturprodukte sicher und effektiv anwenden zu können. Möchten Sie Stress abbauen und eine gänzliche Entspannung fördern, haben sich folgende ätherische Öle bewährt:

- Lavendelöl
- Kamillenöl
- Bergamottöl

Lavendelöl (Lavandula angustifolia Mill)

Der Lavendel kommt aus der Familie der Lippenblütler und sein Duft ist unverkennbar blumig und frisch. Hergestellt wird Lavendelöl durch Destillation und seine Inhaltsstoffe sind

- Ester,
- Monoterpene,
- Monoterpenole und
- Sesquiterpene.

Wirkung:

- antibakteriell
- antimykotisch
- beruhigt
- hemmt Entzündungen
- regeneriert die Haut
- lindert Schmerzen
- stark krampflösend
- senkt den Blutdruck

Anwendung:

- Angst
- Bluthochdruck
- Erkältung
- Krämpfe
- Krampfadern
- Schlafstörungen
- Vaginalpilz/Fußpilz
-

Für eine beruhigende und entspannende Wirkung sowie zum Abbau von Stress eignet sich Lavendelöl sehr gut. Bereits zahlreiche klinische Studien konnten die angstlösende Wirkung belegen, durch die Beruhigung des zentralen Nervensystems. Zudem gibt es kaum eine Beschwerde, bei der Lavendelöl keine Linderung erzeugt. Es gibt unterschiedliche Wege, das Öl anzuwenden, um davon zu profitieren. Es kann beispielsweise als Badesalz, Raumspray, Tee oder als Aromadusche angewendet werden.

Lavendel-Badesalz für eine Tiefenentspannung
4 Tropfen Lavendelöl
50 g Salz (Meersalz)

Mischen Sie beide Zutaten und geben Sie dies in das einlaufende Badewasser. Baden Sie etwa 20 bis 30 Minuten. Wickeln Sie sich anschließend in Ihren Bademantel und legen Sie sich zugedeckt noch einmal etwa 20 Minuten auf die Couch oder in Ihr Bett, um die Wirkung noch einmal zu verstärken. Für Kinder ist dieses Badesalz ab 6 Jahren geeignet.

Gute-Nacht-Fußbalsam
30 g Sheabutter
20 ml Mandelöl
2 Tropfen Lavendel, fein
3 Tropfen Benzoe-Extrakt
2 Tropfen Mandarine, rot

Schmelzen Sie die Sheabutter in einem Wasserbad. Achten Sie wieder darauf, dass die Temperatur 37 Grad Celsius nicht übersteigt. Geben Sie anschließend alle anderen Zutaten hinzu und schütteln Sie das Ganze in einem gut verschließbaren Gefäß mindestens 5 Minuten. Dieser Balsam hilft Ihnen bei Unruhe und bei Einschlafproblemen. Massieren Sie etwa eine halbe Stunde vor dem Schlafengehen Ihre Füße sanft damit ein. Für Kinder ist der Balsam ab 1 Jahr geeignet.

Raumspray „Relax"
50 ml Wodka
20 Tropfen Lavendelöl

Geben Sie den Wodka in eine Sprühflasche und träufeln Sie dann das ätherische Öl hinein. Schütteln Sie es einmal gut durch und besprühen Sie den Raum, in dem Sie sich befinden.

Hautwohlspray
50 ml Lavendelhydrolat
5 Tropfen Lavendelöl
5 Tropfen Ho-Blätter-Öl

Geben Sie das Hydrolat mit den beiden ätherischen Ölen in eine Sprühflasche und sprühen Sie damit Ihren Körper, gerne auch nach dem Lavendelbad, ein. Achten Sie darauf, dass Sie die Flasche vor jedem Gebrauch gut schütteln.

Aromadusche
5 Tropfen Lavendelöl

Träufeln Sie das Öl in eine Ecke Ihrer Duschwanne, allerdings sollten Sie den Kontakt mit Silikonfugen vermeiden. Sobald Sie nun duschen, sorgen das warme Wasser und der Wasserdampf dafür, dass sich Ihre Dusche zu einem Dampfbad verwandelt. Atmen Sie einige Male tief ein und spüren Sie, wie Sie mit dem Wasser alle Ihre Anspannungen abwaschen und mit jedem Atemzug Entspannung einatmen.

Kamille, römisch (Chamaemelum nobile)

Die Kamille kommt aus der Familie der Korbblütler und ihr Duft ist süßlich und warm. Hergestellt wird Kamillenöl durch Destillation und die Inhaltsstoffe sind

- Ester,
- Monoterpenaldehyde,
- Monoterpenketone,
- Monoterpenole,
- Oxide und
- Sesquiterpene.

Wirkung:

- löst Ängste
- löst Krämpfe
- beruhigt

Anwendung:

- Angst (auch bevorstehende Angst, beispielsweise Arztbesuche)
- Burn-out
- Nervenschmerzen
- nervös bedingtes Herzstolpern
- PMS (Prämenstruelles Syndrom)
- Unruhe

Aufgrund seines hohen Estergehalts wirkt Kamillenöl entspannend auf den Geist und das Zentralnervensystem. Das Öl hilft, Angstzustände zu reduzieren, die beispielsweise durch übermäßige Aufregung entstehen können. Dies erweist sich insbesondere für Kinder und ältere Menschen als hilfreich, denen es am Abend schwerfällt, die Ereignisse des Tages loszulassen.

SOS-Riechstift bei Ängsten
3 Tropfen Kamillenöl
Riechstift

Geben Sie die 3 Tropfen auf das Watteröllchen und stecken Sie dieses anschließend wieder auf die Hülse des Stiftes. Riechstifte eignen sich sehr gut, um unauffällig und überall, wo Sie sich befinden, an dem Duft zu schnuppern und ihn bei akuten Ängsten anzuwenden. Erhältlich sind diese überall dort, wo es auch ätherische Öle zu kaufen gibt. Den Stift müssen Sie nur einmalig kaufen, die Watteröllchen können dagegen immer wieder nachgekauft werden, wenn Sie mehrere Duftstifte möchten.

Abendruhe-Raumspray
40 ml Rosenhydrolat
10 ml Wodka
3 Tropfen Kamillenöl
15 Tropfen Orange
2 Tropfen Ho-Blätter-Öl

Geben Sie den Wodka in eine Sprühflasche und träufeln Sie die ätherischen Öle hinein. Füllen Sie das Ganze mit dem Rosenhydrolat auf und schütteln Sie vor jeder Anwendung das Fläschchen.

„Mut tut gut"-Roll-On
3 Tropfen Kamillenöl
1 Tropfen Kamille
50 ml Pflanzenöl

Geben Sie das Pflanzenöl in den Roll On und träufeln Sie die ätherischen Öle hinein. Verschließen Sie es gut und schütteln Sie es durch. Rollen Sie bei Bedarf über Ihre Stirn oder über die Stelle Ihres Handgelenks, an der Sie Ihren Puls spüren.

Bergamotte (Citrus x bergamia)

Die Bergamotte kommt aus der Familie der Rautengewächse und ihr Duft ist frisch, zitrusartig und ein wenig blumig. Hergestellt wird Bergamottöl durch Kaltpressung und die Inhaltsstoffe sind

- Ester,
- Furocumarine sowie
- Monoterpentene.

Wirkung:

- löst Ängste
- löst Krämpfe
- antiseptisch
- hellt sehr effektiv die Stimmung auf
- regeneriert die Haut
- beruhigend

Anwendung:

- Ängste
- Blasenentzündung
- depressive Verstimmungen
- Halsschmerzen
- Schlafstörungen
- Unruhe

Bergamotte eignet sich hervorragend für Duftmischungen. Das liegt an seinem süßen, angenehmen Aroma und an der Tatsache, dass seine Wirkung in Kombination mit anderen Zitrusölen verstärkt wird.

Es gibt ein Aromatherapie-Rezept, welches Sie unterwegs verwenden können, um Stress abzubauen, sich zu beruhigen oder Ihre Stimmung zu verbessern.

Stimmungstaschentuch für unterwegs
3 Tropfen Bergamottöl
ein Taschentuch

Geben Sie die drei Tropfen auf ein Taschentuch und fächern Sie sich den Duft etwa 10 cm von Ihrer Nase entfernt zu.

Rezepte für mehr innere Ruhe

Sinnlicher Badezusatz
4 Tropfen Bergamottöl
2 Tropfen Bayöl
3 Tropfen Rosenöl
1 Tropfen Ylang-Ylang-Öl
1 Becher Schlagsahne

Vermischen Sie alle aufgelisteten Zutaten miteinander und geben Sie alles in das einlaufende Badewasser. Baden Sie etwa 25 Minuten und kuscheln Sie sich anschließend zur Nachwirkung mit einem Bademantel auf die Couch.

Bergamott-Duftlampe bei Depressionen und Angst
5 Tropfen Bergamottöl
5 Tropfen Lavendelöl
3 Tropfen Neroliöl

Geben Sie alle ätherischen Öle mit etwas Wasser in eine Duftlampe und zünden Sie die Kerze an. Die Öle entfalten schnell Ihre Wirkung. Halten Sie sich im selben Raum auf und praktizieren Sie, wenn Sie möchten, die im Anschluss vorgestellten Entspannungsübungen.

Weitere Entspannungstechniken

Gezielte Entspannung bringt Sie in einen Zustand des inneren Friedens. Das wirkt sich auf Ihre Konzentration und Ihren Körper aus: Tieferes Atmen senkt Ihre Herzfrequenz und Ihren Blutdruck. Die Muskeln entspannen sich, wodurch mehr Sauerstoff zu den Organen gelangt. Der Körper schüttet das sogenannte Glückshormon aus. Dies hilft, Stress abzubauen. Wenn Sie Entspannungsübungen lernen, kommen Sie mit Stress besser zurecht, denn Stresssituationen sind unvermeidlich – entscheidend ist, wie Sie damit umgehen. Regelmäßige Entspannungsübungen helfen Ihnen, ruhiger, wacher und belastbarer zu werden.

Entspannung kann auf viele verschiedene Arten erreicht werden:

- Spazierengehen,
- ein warmes Bad nehmen,
- Musik hören oder
- persönliche Hobbys.

Sie können auch gezielte Entspannungstechniken ausprobieren, die für nachhaltige Entspannung sorgen, wie zum Beispiel Meditation, Yoga, Autogenes Training oder Progressive Muskelentspannung. Sie können jederzeit lernen, sich zu entspannen. Autogenes Training oder Progressive Muskelentspannung eignet sich besonders für Einsteiger.

Autogenes Training

Autogenes Training nutzt eine Form der Selbsthypnose, um einen Zustand der Ruhe und Entspannung zu erreichen. Sie geben in Ihrem Kopf ein Signal wie „Ich entspanne mich jetzt“ oder „Ich bin innerlich voller Ruhe“. Diese Suggestionen werden sich nach und nach in Ihrem Körper und Ihrem Geist manifestieren und Ihnen ein Gefühl von Gelassenheit vermitteln.

So funktioniert das Autogene Training:

- Konzentrieren Sie sich auf einen ganz bestimmten Körperteil, wie etwa Ihre linke Hand, und entspannen Sie diesen gezielt.
- Spüren Sie gleichzeitig, wie Ihre Hand schwer wird, und verstärken Sie dieses Gefühl, indem Sie sagen: „Meine Hand ist ganz schwer und entspannt.“ So können Sie jeden Körperteil nacheinander durchgehen.

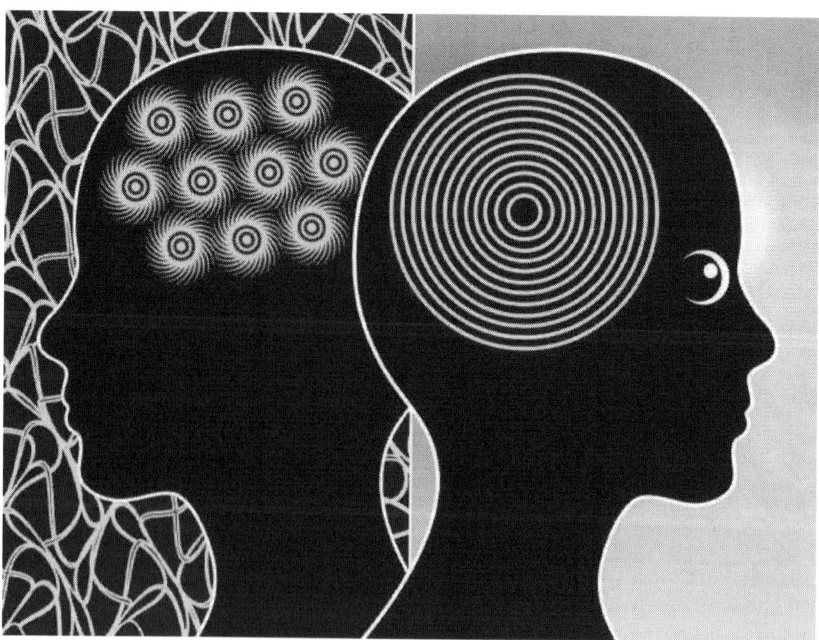

Progressive Muskelentspannung

Der einfachste Weg, Muskelgruppen zu entspannen, besteht darin, sie zunächst bewusst anzuspannen. Bei der Progressiven Muskelentspannung wird die Entspannung von einer Muskelgruppe auf eine andere übertragen, gefolgt von einer allgemeinen Entspannung im gesamten Körper. Dies kann den Blutdruck senken, die Atmung erleichtern und die Herzfrequenz senken.

So funktioniert Progressive Muskelentspannung:

Am besten führen Sie diese Übung im Bett aus, so können Sie direkt liegen bleiben, da es empfohlen wird, Muskelentspannungsübungen im Liegen oder zumindest auf einem bequemen Stuhl durchzuführen. Dabei wird jede Muskelgruppe einzeln trainiert, angespannt, die Spannung ein wenig gehalten und dann entspannt. Wenn Sie darauf achten, wie sich Ihre Muskeln angespannt und entspannt anfühlen, lernen Sie, zwischen erhöhter und leichter Anspannung zu unterscheiden.

- Beginnen Sie mit Ihrem rechten Arm und spannen Sie ihn an. Halten Sie die Spannung kurz und lassen Sie sie dann wieder los.
- Machen Sie nun dasselbe mit Ihrer linken Hand: anspannen, etwas halten und wieder entspannen.
- Gehen Sie dann zu Ihrem Gesicht und Hals. Spannen Sie beide Partien an, halten Sie kurz und entspannen Sie wieder.
- Dehnen Sie nun Ihren Rücken, halten Sie die Dehnung einen Moment lang und entspannen Sie sich wieder.
- Gehen Sie nun zum Bauch und machen Sie dasselbe.
- Richten Sie nun Ihre Aufmerksamkeit auf Ihr rechtes Bein, drücken Sie es zusammen, halten Sie die Dehnung einen Moment lang und lassen Sie es wieder los.
- Machen Sie dasselbe mit Ihrem linken Bein.
- Spannen Sie beim vorletzten Schritt Ihren rechten Fuß an, halten Sie einen Moment inne und entspannen Sie Ihren Fuß wieder.
- Beenden Sie diese Übung, indem Sie Ihren linken Fuß anspannen, kurz halten und beim Ausatmen entspannen.

Hinweis:
Wenn Sie die Progressive Muskelentspannung bereits einige Male durchgeführt haben, können Sie im weiteren Verlauf das Gefühl des „Loslassens" visualisieren, dies hilft Ihnen noch einmal mehr, sich zu entspannen.

Entspannungsmeditation

Audiodatei 1

Auch eine Meditation eignet sich hervorragend, um zur Ruhe zu kommen und das System wieder etwas herunterzufahren. Falls Sie Meditationsanfänger sind und Schwierigkeiten mit der inneren Einkehr haben, eignet sich das ätherische Öl Myrrhe als Unterstützung, da es beide Gehirnhälften synchronisiert. Wenn Sie möchten, können Sie vor dem Meditieren 3 bis 5 Tropfen Myrrhe und 3 Tropfen Orange ins Wasser einer Duftlampe geben und diese anzünden.

Suchen Sie sich zunächst einen ruhigen Ort aus, an dem Sie sich wohlfühlen und in den nächsten Minuten nicht gestört werden. Setzen Sie sich aufrecht hin, rollen Sie die Schultern zurück und schließen Sie die Augen. Achten Sie auf Ihre Atmung. Atmen Sie tief durch die Nase ein und durch den Mund aus. Spüren Sie, wie sich Ihr Körper mit jedem Atemzug mehr und mehr entspannt. Dann lassen Sie Ihren Atem seinem natürlichen Rhythmus folgen und stellen sich einen ruhigen Ort in der Natur vor. Stellen Sie sich vor, Sie stehen an einem wunderschönen Strand. Das Meer ist sehr ruhig und schimmert in türkisen und grünen Farben. Spüren Sie den warmen Sand unter Ihren Füßen und hören Sie das sanfte Rauschen der Wellen. Beachten Sie, wie die Sonne allmählich untergeht und den Himmel in warme Rot- und Orangetöne taucht. Bestaunen Sie die leuchtenden Farben des Sonnenuntergangs und spüren Sie die wohlige Ruhe, die Sie erfüllt. Lassen Sie nun alle Ihre Gedanken und Sorgen los. Geben Sie sie dem Sand oder dem Meer ab. Erlauben Sie sich, hier und jetzt zu sein und diesen Moment in vollen Zügen zu genießen. Spüren Sie die sanfte Brise auf Ihrer Haut und den Duft des Meeres in der Luft. Nehmen Sie sich einen Moment Zeit und konzentrieren Sie sich auf Ihre Gefühle. Erlauben Sie sich, alle negativen Emotionen loszulassen und stattdessen positive Energie aufzunehmen. Geben Sie Mutter Erde alles Negative und füllen Sie Ihre Ressourcen wieder auf, indem Sie sich vorstellen, wie mit jeder Einatmung alle Qualitäten von Mutter Erde, wie Stabilität, Sicherheit, Mühelosigkeit und Urvertrauen, in Ihnen aufsteigen. Spüren Sie, wie sich Frieden und Ruhe in Ihnen ausbreiten und in jedes noch so kleine Atom fließen. Verweilen Sie ein wenig in dieser entspannten Atmosphäre und genießen Sie die Stille und die wunderbaren Gefühle, die Sie in sich tragen. Wenn Sie sich bereit fühlen, atmen Sie noch einmal tief durch, öffnen Sie dann langsam die Augen und kehren Sie friedvoll und ausgeglichen in den Alltag zurück.

Anwendung von ätherischen Ölen bei Schlafstörungen

Ist das alltägliche Leben von Stress und ständiger Aktivität geprägt und wird diesem Stress nicht aktiv entgegengewirkt, so leiden schlussendlich viele Menschen unter Schlafstörungen und Schlaflosigkeit. Doch ein guter und erholsamer Schlaf ist wichtig für Ihre Gesundheit und Ihr Wohlbefinden. Im Schlaf regeneriert sich Ihr Körper, das Immunsystem wird gestärkt, das Gedächtnis verbessert sich und der Stoffwechsel wird reguliert. Ebenso ist Schlaf bei der Regulierung von Hormonen wie Cortisol und Melatonin stark beteiligt, die das Stressniveau und den Schlaf-Wach-Rhythmus beeinflussen. Die Suche nach natürlichen und sanften Methoden zur Unterstützung eines erholsamen Schlafes hat ebenfalls zu einem zunehmenden Interesse an ätherischen Ölen geführt, da diese sich bei der Behandlung von Schlafstörungen als wirksam erwiesen haben.

Exkurs: Melatonin

Melatonin wird hauptsächlich in der Zirbeldrüse, genannt Epiphyse, des Gehirns produziert, aber auch in der Netzhaut des Auges und im Darm. Die Melatoninproduktion folgt normalerweise einem zirkadianen Rhythmus, was bedeutet, dass sie durch Licht und Dunkelheit gesteuert wird. Unter zirkadianen Rhythmen werden körpereigene Prozesse verstanden, die über einen Zeitraum von 24 Stunden ablaufen und sich dann wiederholen. Sie können es als Ihre innere Uhr betrachten, die bestimmt, welche Hormone, wie beispielsweise Insulin und Cortisol, wann ausgeschüttet werden. Hormone, die am zirkadianen Rhythmus beteiligt sind, regulieren das Immunsystem, den Blutdruck, die geistige Aktivität und noch einige mehr. Der wichtigste dieser Zyklen ist der Schlaf-Wach-Rhythmus, der durch die Evolutionsbiologie bestimmt wird und seit mehr als 1.000 Jahren nahezu unverändert ist. Während die Produktion von Melatonin bei Tageslicht fast eingestellt wird, beginnt die Bildung typischerweise am späten Nachmittag oder frühen Abend, wenn die Dunkelheit einbricht, und erreicht oft nachts um 3 Uhr ihren Höhepunkt. Ein Anstieg des Melatoninspiegels signalisiert dem Körper, dass es Zeit ist, sich auf den Schlaf vorzubereiten. Der Hauptfaktor, wie bereits erwähnt, der die Melatoninproduktion beeinflusst, ist die Lichteinwirkung. Erst, wenn es dunkel wird, beginnt die Bildung von Melatonin. Aus diesem Grund ist es auch so wichtig, auf Fernseher, Tablet und Smartphone zu verzichten. Es gibt weiterhin einige Faktoren, die die Bildung von Melatonin negativ beeinflussen können. Hierzu zählen beispielsweise

- Alter, Stress,
- bestimmte Medikamente und Schlafstörungen.

Die Bedeutung eines gesunden Schlaf-Wach-Rhythmus

Ein gesunder Schlaf-Wach-Rhythmus ist grundlegend für Ihr körperliches und geistiges Wohlbefinden. Wenn Sie schlafen, verarbeiten Sie die Reize, die tagsüber auf Ihren Körper einwirken. Ganz gleich, ob es sich um eine Prüfungsvorbereitung, ein wichtiges Projekt bei der Arbeit oder eine intensive Trainingseinheit handelt – Ihr Körper braucht eine Nacht Ruhe, um diese Reize zu verarbeiten. Im Schlaf erfolgen außerdem viele regenerative Prozesse, etwa die Zellregeneration und das Muskelwachstum. Darüber hinaus finden im Gehirn wichtige Prozesse statt:

- **Das Treffen einer Entscheidung:** Während Sie schlafen, verarbeitet Ihr Gehirn Informationen und hilft Ihnen, klare Entscheidungen zu treffen. Es gibt einen Grund, warum gesagt wird, dass Sie erst noch einmal eine Nacht darüber schlafen sollten, bevor Sie wichtige Entscheidungen treffen.
- **Lernprozesse:** In der Nacht werden Eindrücke und Ereignisse im Langzeitgedächtnis gefestigt und an bestehende Erinnerungen angehängt. Es ist äußerst wichtig für das Lernen und das Gedächtnis. Aber auch motorische Fähigkeiten wie Klavierspielen und Tanzen müssen erst im Schlaf verfestigt werden.
- **Phasen der Kreativität:** Wenn sich Ihr Gehirn in einem unbewussten Ruhezustand befindet, kann es erstaunliche neue Verbindungen herstellen, an die Ihr Gehirn im Wachzustand niemals denken würde.
- **Reinigung des Gehirns:** Wenn Sie schlafen, entfernt Ihr Gehirn giftige Verbindungen aus Zellen, die tagsüber abgestorben sind.

Der Schlaf besteht aus verschiedenen Phasen, die sich in sich wiederholenden Zyklen ändern. Jeder Zyklus dauert etwa 90 bis 120 Minuten und wird nachts mehrmals wiederholt. Es gibt zwei Haupttypen von Schlafstadien:

- Non-REM-Schlaf (NREM) und
- REM-Schlaf.

NREM-Schlaf

- Die Einschlafphase (N1): Dieses Stadium stellt den Übergang vom Wachzustand zum Schlaf dar. Die Muskelaktivität nimmt ab, die Atmung wird langsamer und die Herzfrequenz verlangsamt sich.
- Der leichte Schlaf (N2): Diese Phase macht 50 bis 60 % der gesamten Schlafzeit aus. Die Gehirnaktivität verlangsamt sich immer weiter, die Augenbewegungen werden eingestellt und es treten kaum noch Träume auf.
- Der Tiefschlaf (N3): Dies ist die tiefste Phase des Schlafs, auch Slow-Wave-Schlaf genannt. In dieser Zeit erfährt der Körper die intensivste Regeneration,

das Immunsystem wird gestärkt und Wachstumshormone werden ausgeschüttet.

REM-Schlaf

- Der Traumschlaf: Der REM-Schlaf ist durch schnelle Augenbewegungen gekennzeichnet, daher der Name Rapid Eye Movement, kurz REM. In dieser Zeit treten am häufigsten Träume auf und das Gehirn arbeitet sehr aktiv. Allerdings sind die Muskeln weitgehend gelähmt, was Sie daran hindert, Ihre Träume physisch auszuführen.

Der Schlafzyklus beginnt normalerweise mit dem Non-REM-Schlaf und geht allmählich in den REM-Schlaf über. Sie durchlaufen mehrere dieser Zyklen im Laufe der Nacht, wobei die Dauer des REM-Schlafs mit Einbruch der Nacht allmählich zunimmt. Der erste Schlafzyklus umfasst typischerweise weniger Tiefschlaf und mehr REM-Schlaf, während nachfolgende Zyklen tieferen Schlaf beinhalten.

Gesunder Schlaf erfordert eine ausgewogene Verteilung aller Schlafphasen. Eine Störung dieses Zyklus kann zu Schlafstörungen wie Einschlafschwierigkeiten, häufigem Aufwachen in der Nacht oder einem Mangel an Tiefschlaf und REM-Schlaf führen. Um eine optimale Verteilung der Schlafphasen und einen guten Schlaf zu gewährleisten, ist es wichtig, regelmäßige Schlafgewohnheiten und gute Schlafbedingungen beizubehalten. Doch leider haben mittlerweile immer mehr Menschen unter Schlafstörungen zu leiden, deren Ursachen unterschiedlich sein können. Meist haben diese Menschen ein Leben lang damit zu kämpfen.

- Stress,
- Angstzustände,
- Depressionen,
- ein ungesunder Lebensstil wie zu viel Koffein oder Alkohol,
- unregelmäßige Schlafgewohnheiten,
- schlechte Schlafqualität oder
- bestimmte Erkrankungen

können zu Schlafstörungen führen. Dies äußert sich in Einschlafproblemen, häufigem Aufwachen in der Nacht oder frühem Aufwachen am Morgen. Schlafstörungen führen nicht nur zu Müdigkeit und Erschöpfung, sondern können auch langfristige Auswirkungen auf unsere körperliche und geistige Gesundheit haben. Chronischer Schlafmangel kann das Risiko für Herzerkrankungen, Diabetes, Fettleibigkeit und psychische Erkrankungen erhöhen. Daher ist es wichtig, Maßnahmen zu ergreifen, um einen gesunden und erholsamen Schlaf zu gewährleisten.

Die Verwendung ätherischer Öle zur Förderung eines gesunden Schlafes liegt an ihrer Fähigkeit, den Geist zu beruhigen, Stress abzubauen und eine entspannte Atmosphäre zu schaffen. Bei der Anwendung in der Aromatherapie oder Inhalation können ätherische Öle dazu beitragen, die Schlafqualität zu verbessern und einen tieferen, erholsameren Schlaf zu fördern. Neben der Vorstellung ganz bestimmter ätherischer Öle erhalten Sie zudem noch viele weitere Tipps, wie Sie parallel für einen erholsamen Schlaf sorgen können, um jeden Morgen frisch und voller Vitalität in den Tag zu starten.
Die drei ätherischen Öle der Wahl für einen gesunden und erholsamen Schlaf sind

- Vetiveröl,
- Ylang-Ylang-Öl,
- Sandelholzöl.

Vetiveröl (Vetiveria zizanioides)

Vetiver kommt aus der Familie der Süßgräser und der Duft ist erdig und holzig. Hergestellt wird Vetiveröl durch Wasserdampfdestillation und die Inhaltsstoffe sind

- Furfurol,
- Benzoesäure,
- Palmitinsäure,
- Vetiron,
- Vetivazulen.

Wirkung:

- Erdet
- beruhigt
- entspannt
- entkrampft
- regeneriert die Haut
- unterstützt einen gesunden Schlaf
- beruhigt die Haut

Anwendung:

- Akne
- Ängste
- Nervosität
- Schlafprobleme

Vetivergras ist ein tropisches Gras mit charakteristischen aromatischen Wurzeln, das aus Asien stammt. In vielen Ländern wird Vetivergras angebaut, um Bodenerosion zu verhindern, wobei die Wurzeln bis zu 3 Meter tief sind. In Asien werden Vetiverwurzeln zur Herstellung von Körben und Duftmatten verwendet. Vetiver wird in der Parfümindustrie als Aromastoff und Fixiermittel verwendet. In der Naturheilkunde wird Vetiver vorwiegend zur Behandlung von Hautproblemen und nervöser Anspannung eingesetzt.

Schlaf-gut-Spray
40 ml Wodka
60 ml destilliertes Wasser
30 Tropfen Vetiveröl

Geben Sie den Wodka und das Wasser in eine Sprühflasche und träufeln Sie das ätherische Öl hinein. Schütteln Sie die Flasche gut, auch vor jeder Anwendung, und sprühen Sie etwas auf Ihr Kopfkissen oder in Ihr Schlafzimmer. Sofort breitet sich ein schlafförderndes und entspannendes Aroma aus.

Badesahne „Good night"
4 Esslöffel Sahne
2 Tropfen Benzoeöl
3 Tropfen Vetiveröl
2 Tropfen Mandarinenöl, rot

Vermischen Sie alle aufgelisteten Zutaten miteinander und geben Sie alles in das einlaufende Badewasser. Baden Sie etwa 25 Minuten und kuscheln Sie sich anschließend direkt in Ihr Bett. Diese Badesahne beruhigt und entspannt Sie.

Körperöl „Schäfchen zählen"
5 Tropfen Vetiveröl
50 ml Pflanzenöl

Geben Sie das Öl in eine verschließbare Flasche und träufeln Sie das ätherische Öl hinein. Schütteln Sie die Flasche gut und tragen Sie das Öl abends nach dem Duschen oder Baden auf die noch feuchte Haut auf.

Ylang-Ylang-Öl (Cananga odorata)

Ylang-Ylang kommt aus der Familie der Annonengewächse und der Duft ist blumig. Hergestellt wird Ylang-Ylang durch Wasserdampfdestillation und die Inhaltsstoffe sind

- Monoterpentene und Sesquiterpene.

Wirkung:

- Antimikrobiell
- antibakteriell
- hemmt Entzündungen
- entspannt
- harmonisiert
- fördert Tiefschlafphasen
- beruhigt und regeneriert die Haut
- entkrampft

Anwendung:

- Akne
- Unruhe
- Schlafprobleme

Ylang-Ylang ist eine tropische Pflanze mit stark duftenden weißen und gelben Blüten, die auf Madagaskar, Réunion und den Komoren wächst. In der natürlichen Umgebung wächst Ylang-Ylang bis zu einer Höhe von 10 bis 30 Metern, beim Anbau wird es jedoch auf eine Höhe von 2 bis 3 Metern zurückgeschnitten. Der Prozess der Destillation der Blüten dauert bis zu 20 Stunden. In der Parfümindustrie gehört Ylang-Ylang zu einem wichtigen Rohstoff.

Roll-On-Tiefschlafhilfe
10 ml Jojobaöl
5 Tropfen Ylang-Ylang-Öl
2 Tropfen Ho-Blätter-Öl
1 Tropfen Benzoeöl

Geben Sie alle Zutaten in den Roll On und schütteln Sie sie gut durch. Abends vor dem Schlafengehen rollen Sie ein wenig über die Stelle Ihres Handgelenks, an der Sie Ihren Puls spüren.

„Schöne Träume"-Fußbad
250 g Totes-Meer-Badesalz
10 Tropfen Ylang-Ylang-Öl
10 Tropfen Palmarosaöl
8 Tropfen Orangenöl

Vermischen Sie alle aufgelisteten Zutaten miteinander und geben Sie alles in ein verschließbares Gefäß. Für ein Fußbad verwenden Sie einen Esslöffel auf 5 Liter Wasser, welches eine Temperatur von etwa 38 Grad Celsius haben sollte.

Ylang-Ylang-Duftlampe „Tiefschlaf"
3 Tropfen Neroliöl
2 Tropfen Ylang-Ylang-Öl
1 Tropfen Lavendelöl

Geben Sie alle drei ätherischen Öle mit Wasser in die Duftlampe und zünden Sie die Kerze an. Das Aroma verteilt sich schnell im Schlafzimmer und fördert einen erholsamen und guten Tiefschlaf.

Sandelholzöl (Santalum Album)

Sandelholz kommt aus der Familie der Santalaceae und der Duft ist holzig und warm. Hergestellt wird Sandelholzöl durch Wasserdampfdestillation und die Inhaltsstoffe sind

- Santalol und
- Terpenoid-Alkohole.

Wirkung:

- löst Ängste
- gleicht aus
- regeneriert die Haut
- beruhigend
- lindert Juckreiz
- fördert Entspannung

Anwendung:

- Ängste
- Erschöpfung
- Neurodermitis
- Schlaflosigkeit
- Stress

Ätherisches Sandelholzöl mit seinem einzigartigen und intensiven Aroma inspiriert und regt die Fantasie an. Um den charakteristischen Duft von Sandelholz zu erzielen, reicht in der Regel bereits eine kleine Menge ätherisches Öl aus. Der sparsame Umgang mit diesem Öl ist aus ökonomischer und ökologischer Sicht sinnvoll. Sandelholz ist ein Baum mit duftendem Holz und Wurzeln, der in Indien und Indonesien beheimatet ist. Der Baum, der immergrün erstrahlt, wird bis zu 5 Meter hoch und blüht im März, April, September und

Oktober. Er nimmt Nährstoffe über die Wurzeln anderer Bäume auf und wächst hauptsächlich in freier Wildbahn.

Ölmischung für den Gedankenstopp
10 ml Mandelöl
3 Tropfen Sandelholzöl
1 Tropfen Lavendelöl
1 Tropfen Zedernöl
1 Tropfen Neroliöl

Mischen Sie alle Zutaten miteinander und reiben Sie sich damit entweder die Handinnenflächen oder Ihre Fußsohlen und Ihr Sonnengeflecht ein.

Kopfkissen-Duft
40 ml Wodka
60 ml destilliertes Wasser
30 Tropfen Sandelholzöl

Geben Sie den Wodka und das Wasser in eine Sprühflasche und träufeln Sie das Sandelholzöl hinein. Schütteln Sie die Flasche gut, auch vor jeder Anwendung, und sprühen Sie etwas auf Ihr Kopfkissen. Das entspannende Aroma sorgt für einen ruhigen Schlaf.

Entspannungs-Duftlampe
5 Tropfen Sandelholzöl
5 Tropfen Lavendelöl

Geben Sie gemeinsam mit Wasser beide ätherischen Öle in Ihre Duftlampe und zünden Sie die Kerze an. Im Schlafzimmer bereitet sich sofort ein angenehm entspannender Duft aus, der Ihre Schlaflosigkeit lindert.

Neben der Verwendung von ätherischen Ölen, um Schlafprobleme zu beheben, ist es wichtig, dass Sie andere gesunde Schlafgewohnheiten praktizieren. Es liegt viel in Ihren eigenen Händen, die Qualität des Schlafs positiv zu beeinflussen. Nachfolgend sehen Sie, was Sie für eine Verbesserung tun können.

- Verdunkeln Sie das Schlafzimmer und sorgen Sie für eine optimale Raumtemperatur zwischen 15 und 18 Grad. Um größtmögliche Ruhe zu gewährleisten, sollten die Schlafzimmer nach Möglichkeit auf der straßenabgewandten Seite liegen.

- Schlafen Sie nach Möglichkeit bei geöffneten Fenstern oder lüften Sie zumindest vor dem Schlafengehen einmal gründlich durch, wenn die Außentemperaturen ein geöffnetes Fenster nicht zulassen beziehungsweise es Ihnen zu kalt wird.

- Vermeiden Sie elektromagnetische Störfelder im Schlafzimmer, insbesondere Mobiltelefone, da diese oxidativen Stress verursachen und die Gehirnaktivität beeinträchtigen können.

- Trinken Sie auch abends keinen Alkohol, da dieser Ihre Schlaffähigkeit in der Nacht beeinträchtigt und Sie daran hindert, in die REM-Phase (Rapid Eye Movement) einzutreten. Der REM-Schlaf gilt als der wichtigste Teil des Nachtschlafs. Der Punkt ist, dass in dieser Phase die Ereignisse des Tages organisiert, verarbeitet und ausgewertet werden müssen. Im Wesentlichen durchlebt das Gehirn die Ereignisse und Emotionen der letzten Tage noch einmal. Warum genau dies geschieht, ist unklar. Untersuchungen haben gezeigt, dass dadurch die Informationsverarbeitung optimiert wird. Durch die visuelle Wiederholung bestimmter Situationen, Wünsche oder Motivationen lernt das Gehirn, Dinge zu kategorisieren und zu bewerten. Nach dieser Simulation bleiben die Motive erhalten. Die gewonnenen Erkenntnisse werden sozusagen auf der Festplatte gespeichert.

- Betätigen Sie sich jeden Tag etwas sportlich im Freien oder lassen Sie den Tag vielleicht mit einem gemütlichen Spaziergang am Abend ausklingen.

- Vermeiden Sie es, eine Stunde vor dem Schlafengehen fernzusehen und Bildschirme anzusehen, da dies wie alle anderen Lichtquellen die Melatoninproduktion hemmt.

- Vermeiden Sie Stress am Abend und versuchen Sie, Ihre Gedanken zu beruhigen, wenn Ihre Nerven schwach sind. Meditation zum Einschlafen, Zubereitungen aus Baldrian und Hopfen können hilfreich sein.

- Wenn Nackenschmerzen und Instabilität Schlafprobleme verursachen, investieren Sie in ein Nackenkissen, um Muskelverspannungen beim Liegen auf dem Rücken zu vermeiden.

Eine Meditation am Abend durchzuführen hat eine enorme Kraft, die Sie beruhigt, entspannt und all Ihre negativen Energien und Gedanken transformiert. Nutzen Sie dafür folgende Meditation als Inspiration, um sich sanft auf einen erholsamen Schlaf einzustimmen. Machen Sie dabei gerne die Duftlampe mit einem der drei vorgestellten Düfte an, um noch mehr zu entspannen.

Meditation für innere Ruhe und Entspannung

Legen Sie sich ganz bequem ins Bett und finden Sie eine bequeme Position zum Einschlafen. Kuscheln Sie sich richtig in Ihre Bettdecke ein und stellen Sie sich hier bereits vor, wie Sie sich mit Liebe zudecken. Schließen Sie dann die Augen und atmen Sie tief in den Bauch durch die Nase ein und durch den Mund wieder aus. Atmen Sie noch einmal tief durch die Nase ein und durch den Mund aus. Schicken Sie ein liebevolles Lächeln in Ihre innere Welt und Ihr Herz. Stellen Sie sich vor, wie Ihr Lächeln alle Zellen Ihres Körpers berührt, wie sie vor dieser Liebe zu vibrieren beginnen und wie Sie selbst immer mehr Frieden in sich erschaffen. Stellen Sie sich vor, wie Sie sich mit Mutter Erde und dem unendlichen Universum verbinden, indem Sie sich weiß-goldene Lichtsäulen vorstellen, die von Ihrem Körper sowohl nach unten als auch nach oben wachsen. Sie werden jetzt umarmt von Mutter Erde und Vater Himmel. Konzentrieren Sie sich auf Ihr Herz und sehen Sie mit Ihren inneren Augen, wie sich die Tür zu Ihrem Herzen öffnet und Sie dort voller Liebe willkommen geheißen werden, als ob Sie in Ihrem Herzen sein könnten – in dem Raum, in dem es nichts gibt, außer bedingungslose Liebe, Sicherheit, Geborgenheit und Frieden.

Spüren Sie, wie Ihr Herz Sie in seinen Armen hält und Ihnen hilft, alles loszulassen, was Ihnen Unbehagen bereitet. Sie können alle Ihre noch bestehenden Zweifel und alle Sorgen ablegen. Stellen Sie sich vor, Sie haben ein Päckchen in der Hand, was Sie Ihrem Herzen übergeben dürfen. Ihr Herz nimmt dieses Päckchen an und verwandelt alles in Licht und Liebe, in Stärke und Zuversicht. In dieser Sicherheit können Sie sich heute an einen besonders schönen Moment erinnern, für den Sie dankbar sind. Das können größere Dinge sein, es können aber auch sehr kleine Dinge sein. Vielleicht war es eine

Anerkennung, eine besondere Begegnung, ein Lächeln einer anderen Person oder vielleicht ein angenehmer Spaziergang in der Natur. Welches Ereignis hat Sie heute zum Lächeln gebracht? Seien Sie dankbar und lassen Sie diese Dankbarkeit sich ausbreiten. Sagen Sie dann in Gedanken folgende Worte: „Danke für diesen Moment, danke für heute und danke für diesen Tag. Ich darf nun voller Leichtigkeit zur Ruhe kommen und bin dankbar für eine erholsame Nacht mit wunderschönen Träumen. Möge ich immer glücklich sein und mich immer sicher fühlen." Spüren Sie, wie sich diese Worte in Ihnen ausbreiten. Richten Sie dann Ihre Aufmerksamkeit wieder auf Ihr Herz und bleiben Sie noch ein wenig in der Energie der Liebe, des Vertrauens und der Zuversicht. Stellen Sie sich bewusst vor, dass Ihr Schlaf erholsam und tief sein wird, wenn Sie gleich einschlafen und Ihr Körper sich regenerieren kann und Sie morgen frisch und zuversichtlich in den neuen Tag starten. Bedanken Sie sich für den bevorstehenden Tag und seien Sie voller Vertrauen, dass alles so gut ist, wie es jetzt ist.

Aromatherapie für mehr Konzentration und Fokus

Sie kennen das bestimmt selbst, ständige Ablenkung und eine Informationsüberflutung auf allen Ebenen. Gerade durch die vielen sozialen Medien prasseln Unmengen an Informationen, Nachrichten und Neuigkeiten auf den Geist ein und es kann schnell zu einer Reizüberflutung kommen. Bei solch einer Überstimulation steht der Körper unter ständigem Stress. Was andere für selbstverständlich halten, wird für hochsensible Menschen zum Problem. Ständige Überflutung und ständiger Stress können zu ernsthaften psychischen Belastungen führen, insbesondere, wenn den Menschen um Sie herum oft das nötige Verständnis fehlt. Dies liegt auch daran, dass die Reizüberflutung noch nicht zum Alltag gehört und dieser komplexe Zustand noch nicht allgemein verstanden ist. Letztlich führt dies jedoch auch zu einer verminderten Konzentration und es fällt schwer, den Fokus beizubehalten. Eventuell sitzen Sie bei der Arbeit und sollen einen bestimmten Artikel fertig schreiben oder Sie müssen für eine Prüfung lernen und können Ihre Gedanken jedoch nicht bei der Sache halten. Wenn dann noch das Telefon klingelt, ist es mit der Konzentration gänzlich dahin. Natürlich sind solche Phasen immer wieder vorhanden und auch normal, doch kommt es ständig zu solchen Konzentrationsschwierigkeiten, können ätherische Öle dabei helfen, eine geistige Klarheit und Wachsamkeit zu erreichen, eben durch die Fähigkeit, Stress, der leider allem vorangeht, abzubauen. In diesem Kapitel werden Ihnen dafür drei bestimmte ätherische Öle und Möglichkeiten der Anwendung vorgestellt, damit auch Sie sich wieder neu fokussieren können. Diese sind

- Pfefferminzöl,
- Rosmarinöl und Zitronenöl.

Pfefferminzöl (Mentha x piperita)

Die Pfefferminze kommt aus der Familie der Lippenblütler und der Duft ist minzig und frisch. Hergestellt wird Pfefferminzöl durch Wasserdampfdestillation und die Inhaltsstoffe sind

- Monoterpenalkohole,
- Monoterpene,
- Monoterpenketone,
- Oxide,
- Sesquiterperne.

Wirkung:

- lindert Schmerzen
- antiviral
- antibakteriell
- hemmt Entzündungen
- kühlt
- entkrampft
- fördert die Durchblutung

Anwendung:

- Erkältungskrankheiten
- Konzentrationsstörungen
- Kopfschmerzen
- Magen-Darm-Beschwerden
- Mundpflege
- Müdigkeit
- Übelkeit

Pfefferminze ist eine mehrjährige Heil- und Aromapflanze, die weitaus mehr kann, als nur frischen Atem zu verleihen. Die Pfefferminzpflanze kann 90 cm hoch werden und hat sehr duftende Blätter, aus denen Minztee zubereitet wird. Minze wird zum Aromatisieren von Schokolade, Smoothies, Süßigkeiten und Mundpflegeprodukten verwendet. In der Naturheilkunde wird es bei Konzentrationsschwierigkeiten, aber auch bei Magenbeschwerden, Erkältungen und Muskelbeschwerden eingesetzt.

Wach-mach-Öl
50 ml Mandelöl
5 Tropfen Pfefferminzöl
3Tropfen Zitronenöl
3 Tropfen Grapefruitöl

Tropfen Sie alle ätherischen Öle in das Mandelöl und mischen Sie alles gut durch. Nehmen Sie ein wenig des Öls in Ihre Handinnenflächen und massieren Sie sanft Ihre Schläfen und/oder ölen Sie sich morgens nach dem Duschen damit ein.

Riechstift „Geistige Klarheit"
3 Tropfen Pfefferminzöl
Riechstift

Geben Sie die 3 Tropfen des ätherischen Öls auf das Watteröllchen und stecken Sie dieses anschließend wieder auf die Hülse des Stiftes. Halten Sie den Stift bei Bedarf unter Ihre Nase und atmen Sie den Duft ein.

Raumspray „Pfiffig"
50 ml Rosmarinhydrolat
10 ml Wodka
3 Tropfen Pfefferminzöl
5 Tropfen Grapefruitöl

Geben Sie den Wodka in eine Sprühflasche und träufeln Sie die ätherischen Öle hinein. Füllen Sie das Ganze mit dem Rosenhydrolat auf und schütteln Sie vor jeder Anwendung das Fläschchen.

Rosmarinöl (Rosmarinus officinalis)

Rosmarin kommt aus der Familie der Lippenblütler. Der Duft ist aromatisch, würzig und erinnert an den Duft des Waldes. Hergestellt wird Rosmarinöl durch Wasserdampfdestillation und die Inhaltsstoffe sind

- Monoterpenalkohole,
- Monoterpenketone,
- Oxide.

Wirkung:

- hemmt Entzündungen
- stärkt die Leber
- fördert die Durchblutung
- löst Schleim
- lindert Schmerzen
- belebt
- fördert die Konzentration
- antiseptisch
- wundheilend

Anwendung:

- Durchblutungsstörungen
- Erschöpfung
- hoher Blutzucker
- Müdigkeit
- Muskelkater
- obere Atemwegserkrankungen

Viele Menschen denken bei Rosmarin wahrscheinlich nur an ein Gewürz, das zum Verfeinern von Gerichten verwendet wird. Aber dieses mediterrane Kraut hat noch viel mehr Vorteile. Rosmarin wächst gerne an sonnigen Hängen im Mittelmeerraum, benötigt jedoch feuchten Boden und ist eine der ältesten Heilpflanzen. In der Antike galt Rosmarin sogar als heilig. Im antiken Griechenland wurde Rosmarin der Göttin Aphrodite geweiht, die Römer verwendeten ihn zur Schmückung ihrer Götter und germanische Stämme nutzten Rosmarin für religiöse Zwecke. Sie finden die Pflanze auch in Gartengrundstücken und auf Balkonen, wo sie gut wächst.

„Konzentrationsfit" Aromaduft
1 Tropfen Rosmarinöl
1 Tropfen Lavandin
1 Tropfen Zitronenöl

Geben Sie die ätherischen Öle in eine Duftlampe mit Wasser und zünden Sie die Kerze an. Ihr Arbeitszimmer wird sofort in eine konzentrationsfördernde Atmosphäre gesetzt.

Roll On „Arbeit"
10 ml Jojobaöl
3 Tropfen Rosmarinöl
3 Tropfen Zitronenöl
3 Tropfen Lavandin

Geben Sie das Öl in den Roll On und träufeln Sie die ätherischen Öle hinein. Schütteln Sie alles kurz durch und bestreichen Sie Ihre Stirn und die Stelle Ihres Handgelenks, an der Sie Ihren Puls spüren, bei Bedarf.

Gedächtnis-Tuch
1 Tropfen Rosmarinöl
Taschentuch oder Kosmetiktuch

Träufeln Sie das Rosmarinöl auf ein Taschen- oder Kosmetiktuch und legen Sie dieses auf Ihren Schreibtisch, um Ihre Konzentration und Ihre Gedächtnisleistung zu verbessern.

Zitronenöl (Citrus Limon)

Die Zitrone kommt aus der Familie der Rautengewächse und der Duft ist frisch und spritzig. Hergestellt wird das Zitronenöl durch Kaltpressung und die Inhaltsstoffe sind

- Furanocumarine,
- Monoterpenaldehyde,
- Monoterpene.

Wirkung:

- antiseptisch
- hemmt Entzündungen
- senkt Fieber
- antiviral
- fördert die Konzentration
- erfrischt
- hellt die Stimmung auf
- fördert geistige Klarheit

Anwendung:

- Konzentrationsschwäche
- Raumluftdesinfektion
- Übelkeit

Zitronenöl wird aus der Schale saurer Zitrusfrüchte gewonnen. Ursprünglich stammt die Zitrone aus China, wo sie bereits seit dem 10. Jahrhundert angebaut wird. Schließlich brachte Alexander der Große sie nach Europa. Es ist auch in arabischen Ländern zu finden. Zitronenöl ist nicht nur ein Heilmittel, seine reinigenden Eigenschaften erleichtern auch kinderleicht das Putzen. Ferner wird es auch in Parfüms verwendet.

Raumspray „Aktiv"
50 ml Wodka
25 Tropfen Zitronenöl
10 Tropfen Pfefferminzöl
5 Tropfen Zirbelkieferöl

Füllen Sie den Wodka in eine Sprühflasche und geben Sie die ätherischen Öle hinein. Schütteln Sie das Fläschchen und sprühen Sie bei Bedarf etwas in den Raum, in dem Sie arbeiten oder lernen möchten.

Schläfenbalsam
20 g Sheabutter
8 Tropfen Zitronenöl
2 Tropfen Rosmarinöl
2 Tropfen Bergamottöl

Schmelzen Sie die Sheabutter bei maximal 37 Grad Celsius im Wasserbad und geben Sie dann die ätherischen Öle dazu. Füllen Sie alles in einen Tiegel und schütteln Sie diesen 5 Minuten. Geben Sie bei Bedarf etwas von dem Balsam auf Ihre Schläfen und massieren Sie ihn sanft ein.

„Geistige Power"-Duftlampe
5 Tropfen Zitronenöl
2 Tropfen Lemongrasöl
2 Tropfen Verbanaöl

Geben Sie die ätherischen Öle in eine Duftlampe mit Wasser und zünden Sie die Kerze an. Zeitnah werden Sie eine geistige Klarheit erfahren können.

Tipps zur Förderung der Konzentration

Auch bei Konzentrationsschwierigkeiten gibt es noch zahlreiche andere Dinge, die Sie selbst tun können, um diese zu steigern und Ihren Fokus beizubehalten. Die gute Nachricht ist nämlich: Sie müssen sich nicht damit abfinden, sondern können bereits heute anfangen, die geistige Leistung und Klarheit zu trainieren. Die nachfolgenden Tipps können Ihnen hierbei behilflich sein.

Schalten Sie Musik ein

Musik hat viele positive Auswirkungen auf die geistige Aktivität. Die rechte und linke Gehirnhälfte werden gleichzeitig aktiviert. Dadurch lernt das Gehirn besser und das Gedächtnis funktioniert ebenfalls mehr. Ob Musik die Konzentrationsfähigkeit steigert, bleibt jedoch umstritten. Die Stimmung kann sich allerdings verbessern, wenn Sie beispielsweise vor einer Lern- oder Arbeitsphase Ihre Lieblingsmusik hören, denn eine positive Einstellung hilft Ihnen, sich besser auf die anstehende Aufgabe zu konzentrieren.

Geben Sie Ihrem Gehirn Nahrung

Achten Sie auf eine ausgewogene Ernährung, da diese reich an Vitaminen und Nährstoffen ist, die zur Verbesserung der Gehirnfunktion beitragen. Der wichtigste Energielieferant für das Gehirn ist Glukose, als Einfachzucker bekannt. Im normalen Zucker oder in Süßigkeiten ist es für das Gehirn schnell verfügbar, allerdings ist es genauso schnell wieder verschwunden. Aus diesem Grund bewirken Süßigkeiten oder reine Glukose ein schnelles „High", verbessern aber auf lange Sicht nicht die Konzentrationsfähigkeit. Ein Blutzuckerspiegel, der rapide wieder absteigt, führt eher zu Müdigkeit und Konzentrationsschwierigkeiten. Vollkornprodukte, bei denen sich Glukose an Stärke bindet, die im Körper langsam abgebaut wird, sind in diesem Fall die bessere Wahl. Auch Omega-3-Fettsäuren können hilfreich sein. Diese finden sich in:

- Kaltwasserfischen wie Lachs, Makrele, Hering,
- Ölen wie Lein-, Raps- und Olivenöl,
- Nüssen wie Cashewnüsse, Walnüsse und Paranüsse.

Sie können dazu beitragen, Ihre Konzentrationsfähigkeit langfristig zu verbessern. Eine im „Journal of Alzheimer's Disease" veröffentlichte Studie ergab, dass ein erhöhter Gehalt an Omega-3-Fettsäuren im Körper die Durchblutung bestimmter Bereiche des Gehirns steigern kann, was sich positiv auf die Konzentration und das Gedächtnis auswirkt.

Versorgen Sie sich mit ausreichend Flüssigkeit

Wenn Sie viel trinken, bewegen sich Sauerstoff und Nährstoffe schneller durch den Körper und gelangen somit schneller ins Gehirn. Dies beugt Müdigkeit, Kopfschmerzen und Konzentrationsschwäche vor. Das zeigt zumindest eine im „Journal of Nutrition" veröffentlichte Studie mit jungen Frauen. Die Probanden wurden dehydrierenden Bedingungen ausgesetzt und dann auf bestimmte Fähigkeiten getestet. Das Ergebnis war eindeutig, denn Dehydrierung beeinträchtigt die Konzentrationsfähigkeit.

Trinken Sie am besten, bevor Sie Durst verspüren, da dies bereits eine Dehydrierung ankündigt. Achten Sie also auf eine Flüssigkeitszufuhr von mindestens 1,5 Litern in Form von Wasser oder ungesüßtem Tee.

Praktizieren Sie Sport und Bewegung

Sport kann die Gehirnaktivität verbessern, solange er nicht zu einer Dehydrierung führt, beispielsweise, wenn Sie zu viel Schwitzen, aber es mit einer ausreichenden Flüssigkeitszufuhr nicht ausgleichen. Wenn Sie Ihre Herzfrequenz während des Krafttrainings erhöhen, können Sie sich besser konzentrieren und sich besser an das Gelernte erinnern. Der Effekt ist am höchsten, wenn die Übungen unmittelbar vor oder unmittelbar nach der Konzentrationsphase durchgeführt werden, wenn das Ziel darin besteht, Informationen im Gedächtnis zu festigen. Neben dem Krafttraining können auch kurze Aktivitätspausen und kurze Spaziergänge im Freien die Konzentration verbessern.

Betreiben Sie kein Multitasking

Auch, wenn Multitasking verlockend erscheint, ist es tatsächlich ein Mythos, dass Multitasking effektiv ist. Wenn Sie sich konzentrieren möchten, lassen Sie Ihr Smartphone am besten in einem anderen Raum, schalten Sie den Fernseher aus und konzentrieren Sie sich auf eine Aufgabe.

Gehen Sie mit Ihren Gehirnhälften joggen

Begeben Sie sich in den Schneidersitz und achten Sie auf einen geraden Rücken. Strecken Sie Ihre Arme seitlich aus, Ihre Handflächen zeigen nach unten. Beugen Sie beim Einatmen Ihre linke Handfläche nach unten und Ihre rechte Handfläche nach oben in die entgegengesetzte Richtung. Wechseln Sie beim Ausatmen. Wiederholen Sie diese Übung zehnmal, um Ihre Konzentration zu verbessern.

Praktizieren Sie Achtsamkeit

Achtsamkeitsübungen können Ihnen dabei helfen, auch am Nachmittag oder Abend wacher zu sein, indem Sie Ihre Aufmerksamkeit gekonnt auf das Hier und Jetzt richten. Setzen Sie sich dazu jeden Tag einmal bequem hin und schließen Sie für ein paar Minuten die Augen. Achten Sie einfach auf Ihre Atmung und nehmen Sie die Geräusche um Sie herum wahr. Verweilen Sie gerne ein paar Minuten, sollten Gedanken aufkommen, schieben Sie diese sanft beiseite und konzentrieren sich wieder auf Ihre Atmung und Ihre Umgebung.

Ätherische Öle für die Schönheitspflege

Ätherische Öle werden nicht nur für Duftzwecke verwendet, sondern können auch in der Kosmetik wunderbar eingesetzt werden, wo sie die Haut mit wertvollen Nährstoffen versorgen. Vor allem werden ätherische Öle in der Naturkosmetik eingesetzt, da sie entzündungshemmende, antibakterielle und antivirale Eigenschaften haben. Aus diesem Grund handelt es sich um völlig natürliche Konservierungsstoffe.

Möchten Sie Ihre Kosmetik selbst herstellen und ätherische Öle verwenden, müssen Sie auf Qualität achten. Nur völlig reine ätherische Öle haben die oben beschriebene Wirkung. Achten Sie also unbedingt auf die Deklaration „100 % naturreines Öl".

Entdecken Sie in diesem Kapitel eine natürliche Schönheit mit ätherischen Ölen. Von der Hautpflege bis zur Haarpflege bieten ätherische Öle eine umfassende und duftende Möglichkeit, Ihre tägliche Routine zu bereichern. Tauchen Sie also nun ein in die Welt der Aromatherapie und entdecken Sie, wie ätherische Öle Ihre Pflege auf natürliche Weise verbessern können.

Natürliche Hautpflege mit ätherischen Ölen

Die meisten Menschen wünschen sich ein Leben lang ein junges und faltenfreies Gesicht, was nicht verwunderlich ist, denn Falten gelten oft als Zeichen des Alterns und gehen mit dem Verlust von Jugendlichkeit und Vitalität einher. Eine straffe Haut gilt oft als attraktiver und jugendlicher. Darüber hinaus ist eine straffe Haut ein Zeichen guter Gesundheit und kann Ihr Selbstvertrauen stärken. Aus diesem Grund suchen viele Menschen nach Möglichkeiten, ihre Haut zu straffen und das Auftreten von Falten zu reduzieren.

Definition: Falten

Falten sind gerade Linien auf der Hautoberfläche, die durch Falten der Dermis, der mittleren Hautschicht, auch genannt Lederhaut, und der Epidermis, also der oberen Hautschicht, entstehen.

Generell lassen sich Falten nach der Art ihrer Entstehung unterscheiden, also nach den sogenannten aktinischen, dynamischen oder statischen Kriterien. Darüber hinaus können sie auch nach Form oder Lage im Gesicht benannt werden, etwa Nasolabialfalten zwischen Nase und Mundwinkeln oder Stirnfalten in Form horizontaler Falten auf der Stirn.

Aktinische Falten

Die aktinischen Falten, auch Knitterfalten oder Trockenheitsfältchen genannt, werden durch äußere Umweltfaktoren wie Sonneneinstrahlung oder Solarien verursacht.

UV-Strahlen können zelluläre Prozesse stören, die für die Kollagenproduktion wichtig sind, und so die Festigkeit der Haut erhöhen, insbesondere UVA-Strahlen, die tief in die unteren Hautschichten eindringen und die Kollagenbildung stören können. Dadurch verschwinden die für die Hautelastizität wichtigen Bindegewebedepots viel schneller. UVA-Strahlen gehören übrigens zur langwelligen Strahlung, die tief in die sogenannte Dermis eindringt. Darüber hinaus ist heiße, trockene Luft im Haus ebenso ursächlich wie Kälte und Wind im Winter. Darüber hinaus treten mit zunehmendem Alter die aktinischen Falten aufgrund von Volumen- und Wasserverlust in der Haut auf. Daher sollte der regelmäßige Kontakt mit chlor- oder salzhaltigem Wasser begrenzt oder nach Möglichkeit vermieden werden. Falten bilden sich großflächig und treten zum Beispiel am Dekolleté sowie im Augen- und Wangenbereich auf.

Dynamische Falten

Dynamische Falten oder Mimikfalten entstehen im Laufe der Jahre durch die kontinuierliche Kontraktion bestimmter Gesichtsmuskeln und gehen mit alltäglichen Gesichtsausdrücken wie Stirnrunzeln oder dem Zusammendrücken der Augenbrauen einher.

Einige Gesichtsmuskeln sind fest mit der Haut verbunden, was bewirkt, dass sie sich bewegt, wenn Sie sprechen, die Stirn runzeln, lächeln oder Ihre Gefühle ausdrücken. Aus diesem Grund nimmt Ihre Haut automatisch an Muskelbewegungen teil. Dies führt zunächst zur Entstehung von Falten, die sich dann als tiefere Falten in der Haut manifestieren.

Sogenannte Lachfältchen, die durch Lächeln und Lachen als kleine Fältchen um die äußere Augenpartie entstehen, vertiefen sich im Laufe des Lebens und es entstehen sogenannte Krähenfüße. Krähenfüße hinterlassen dauerhafte Spuren in den Augenwinkeln und sind ein bekanntes Beispiel für dynamische Falten, ebenso wie die Zornesfalten. Diese Art von Falten entsteht durch die Kontraktion der Haut beim Blinzeln, beim Starren auf einen Bildschirm oder durch einen konzentrierten Blick und hinterlässt oft einen pessimistischen, negativen und oft ungewollt harten Eindruck.

Statische Falten

Statische Falten, auch Schwerkraftfalten genannt, sind immer sichtbar, auch wenn Sie Ihre Gesichtsmuskeln nicht bewegen.

Statische Falten sind dauerhaft, sodass sie auch ohne Mimik sichtbar sind. Auch bei entspannter und inaktiver Muskulatur sind die sogenannten Nasolabialfalten, die sich zwischen den Nasenflügeln und den Mundwinkeln befinden, oder die Marionettenfalten, auch Mundwinkelfalten genannt, erkennbar. Mundwinkelfalten verlaufen diagonal vom Mundwinkel bis zum Übergang zwischen Kieferkante und Kinn und verleihen dem Gesicht ein trauriges Aussehen. Schwerkraftbedingte Falten entstehen durch den natürlichen Alterungsprozess der Haut und sind daher unvermeidlich. Sie erscheinen zunächst als dynamische Falten und entwickeln sich mit zunehmendem Alter, beginnend im Alter von 25 Jahren. Mit zunehmendem Alter kommt es durch den Verlust an Kollagen, Feuchtigkeit, Elastizität und Hyaluronsäure zu einer dauerhaften Minderung der Elastizität. Ausreichende Mengen an Elastin und Kollagen im Bindegewebe, den Bausteinen Ihrer Haut, sorgen bereits in jungen Jahren für Elastizität und einen gleichmäßigen Hautton. Sie können aber auch zu ätherischen Ölen greifen, denn diese wirken sich positiv auf die Hautstraffung aus, da sie viele Eigenschaften haben, die die Hautgesundheit unterstützen. Bestimmte ätherische Öle (die Sie nachfolgend kennenlernen) haben entzündungshemmende, antioxidative und regenerierende Eigenschaften, die dazu beitragen können, die Hautelastizität zu verbessern und das Erscheinungsbild schlaffer Haut zu reduzieren. Darüber hinaus verbessern ätherische Öle auch die Durchblutung, regen die Kollagenproduktion an und tragen so zur Straffung der Haut bei. Bitte beachten Sie jedoch, dass ätherische Öle verdünnt werden sollten und Vorsicht geboten ist, wenn Sie empfindliche Haut oder Allergien haben. Konsultieren Sie im Zweifelsfall einen Hautarzt, bevor Sie ätherische Öle zur Hautstraffung verwenden.

Es gibt einige unterschiedliche ätherische Öle, die sich für ganz bestimmte Anwendungen eignen.

Für die normale Haut sind dies folgende Öle:

- Lavendel,
- Rose,

Rosengeranie

Ist die Haut fettig, beziehungsweise handelt es sich um eine Mischhaut, eignen sich besonders diese Öle:

- Cistrose,
- Manuka,
- Myrte,
- Rosengeranie,
- Vetiver.

Unreine und zu Akne neigende Haut präferiert diese Öle:

- Manuka,
- Myrrhe,
- Myrte,
- Rosenholz,
- Teebaum.

Möchten Sie trockene und reife Haut behandeln, sind diese Öle am besten:

- Karottensamen,
- Linaloe,
- Rose,
- Rosengeranie,
- Rosenholz,
- Vetiver,
- Weihrauch,
- Ylang-Ylang.

Gereizte Haut lässt sich mit diesen Ölen sehr gut behandeln:

- Benzoe Siam,
- Immortelle,
- Manuka,
- Patchouli,
- Rosengeranie,
- Schafgarbe.

Für eine Cellulite-Behandlung haben sich diese Öle bewährt:

- Blutorange,
- Niaouli,
- Palmarosa,
- Rosmarin,
- Sandelholz,
- Wacholder,
- Zypresse.

Neben den Fältchen im Gesicht ist besonders eine unreine Haut oftmals ein Problem für viele Menschen. Persönliche Veranlagung in Kombination mit einem hormonellen Ungleichgewicht führt zu einer unsichtbaren mikroskopischen Hautentzündung, die auch die Haarfollikel betrifft.

Die Follikel der Talgdrüsen reagieren empfindlich auf die im Blut zirkulierenden Hormone und werden dazu angeregt, mehr Talg als nötig zu produzieren. Darüber hinaus werden zu viele Hautschuppen nicht ausreichend abgeschält. Dies schafft eine ideale Umgebung für das Wachstum von Bakterien und führt zu einer Entzündungsreaktion im Körper. Diese Hormonempfindlichkeit ist auch der Grund dafür, dass auch bei Erwachsenen Akne und sogar Spätakne auftreten können. Frauen machen beispielsweise immer wieder hormonelle Veränderungen durch.

Es gibt viele Missverständnisse über unreine Haut, die tief in unseren Köpfen verwurzelt sind, aber nicht alle davon sind richtig. Obwohl Bakterien und Entzündungen bei Hautverunreinigungen eine Rolle spielen, handelt es sich nicht um eine ansteckende Infektion. Kontaminierte Haut oder Pickel sind nicht die Folge mangelnder Hygiene oder Allergien. In den allermeisten Fällen sind es die Hormone, die für eine unreine Haut verantwortlich sind. Verstärkt wird dies dann durch eine kohlenhydratreiche Ernährung, zu viel Milchprodukte, Nikotin und nicht dem Hauttyp entsprechende Pflegeprodukte. Leiden Sie unter unreiner Haut, müssen Sie sich nicht damit abfinden, denn ein ätherisches Öl hat sich hier besonders bewährt: Teebaumöl. Mehr dazu erfahren Sie im weiteren Verlauf des Ratgebers.

Haarpflege und Kopfhautbehandlung mit ätherischen Ölen

Eine gesunde Kopfhaut und gepflegtes Haar sind wichtige Bestandteile eines umfassenden Pflege- und Routineprogramms. Wenn Sie einmal in einen Drogeriemarkt gehen, um für sich eine Haarpflege zu finden, werden Sie von der Vielfalt der Angebote mit endlosen Listen an Inhaltsstoffen fast erschlagen. Die Pflege der Haare muss jedoch nicht schwierig sein. Ätherische Öle haben sich als wirksames und natürliches Mittel zur Verbesserung der Haargesundheit und zur Heilung der Kopfhaut erwiesen. Die Verwendung ätherischer Öle in der Haarpflege bietet viele Vorteile, darunter die Förderung des Haarwachstums, die Verbesserung der Haarstruktur, die Behandlung von Schuppen und die Beruhigung gereizter Kopfhaut. Darüber hinaus können ätherische Öle auch dazu beitragen, das Haar zu stärken, mit Feuchtigkeit zu versorgen und ihm Glanz zu verleihen. In diesem Kapitel erhalten Sie einen genaueren Blick auf verschiedene ätherische Öle, die für die Haar- und Kopfhautpflege geeignet sind, sowie auf ihre verschiedenen Verwendungsmöglichkeiten und potenziellen Vorteile für die Gesundheit von Haar und Haut. Indem Sie die vielfältigen Vorteile ätherischer Öle in der Haarpflege verstehen, können Sie einen ganzheitlichen Ansatz für die Haarpflege entwickeln und gleichzeitig die natürlichen Vorteile dieser Pflanzenextrakte nutzen.

Hinweis:
Verwenden Sie die ätherischen Öle jedoch nie unverdünnt, da sie nicht wasserlöslich sind und es die Kopfhaut zu sehr reizen kann.

Lavendelöl für ein gesundes Haarwachstum

Haare auf Ihrem Kissen, Kamm oder im Abfluss der Dusche sind kein Grund zur Sorge. Jedes Haar hat seinen eigenen Wachstumszyklus. Wenn der Wachstumszyklus endet, hört das Haar auf, zu wachsen, und fällt aus. Dann beginnt der Zyklus von neuem und das Haar wächst wieder. Bei Kopfhaaren kann dieser Zyklus mehrere Jahre dauern. In der Regel verliert ein gesunder

Mensch etwa 70 bis 100 Haare pro Tag, sind es jedoch mehr, kann von Haarausfall gesprochen werden. Warum es zu Haarausfall kommt, kann verschiedene Ursachen haben, wie beispielsweise

- Vitaminmangel,
- Schilddrüsenprobleme, etwa Über- oder Unterfunktion,
- Mangelernährung,
- Diäten,
- Hormonumstellung, beispielsweise Schwangerschaft,
- Nikotin und Drogen oder
- psychischer Stress.

Ein Gang zum Arzt ist auf jeden Fall empfehlenswert, um die Ursache festzustellen. Meist lässt sich der Haarausfall dann gut therapieren. Um die fehlenden Haare wieder schneller zum Wachsen zu bringen, gibt es unter den vielen angepriesenen Shampoos, Haarkuren, Tinkturen und Seren jedoch auch ein weiteres, sehr gutes Mittel: Lavendelöl. Es wird schon seit langem in der Haarpflege eingesetzt und gilt als eines der vielseitigsten ätherischen Öle für gesundes Haar, vor allem, wenn es darum geht, das Haarwachstum anzuregen. Die Ankurbelung des Haarwachstums erfolgt deswegen, weil Lavendelöl die Durchblutung der Kopfhaut verbessert und somit die Nährstoffversorgung der Haarfollikel verbessert. Die Haarfollikel und -spitzen werden stimuliert, sodass sie ihr maximales Wachstumspotenzial erreichen können. Es hat zudem auch eine beruhigende Wirkung auf die Kopfhaut und kann helfen, verschiedene Probleme wie Schuppen, Juckreiz und Trockenheit zu lindern. Darüber hinaus verfügt Lavendelöl auch über entzündungshemmende, antibakterielle und feuchtigkeitsspendende Eigenschaften, was es zu einem wertvollen Inhaltsstoff in Haarpflegeprodukten macht. Durch diese Eigenschaften befreit es Ihr Haar von Giftstoffen und sorgt für sauberes und frisches Haar. Die weiteren Vorteile von Lavendelöl in der Haarpflege sind:

- **Beruhigung der Kopfhaut:** Durch die entzündungshemmenden und beruhigenden Eigenschaften hilft Lavendelöl, die Kopfhaut zu beruhigen. Es trägt maßgeblich dazu bei, Juckreiz und Irritationen zu reduzieren, die oft mit einer trockenen oder gereizten Kopfhaut einhergehen. Darüber hinaus wirkt Lavendelöl entspannend und hilft so, Verspannungen und Stress abzubauen, die ebenfalls zu Kopfhautproblemen beitragen können.
- **behandelt Schuppen:** Die antibakteriellen Eigenschaften von Lavendelöl helfen bei der Bekämpfung von Schuppen, da diese oftmals durch Viren oder Pilze entstehen. Die Gesundheit der Kopfhaut wird dadurch erheblich verbessert.

• **spendet Feuchtigkeit:** Lavendelöl spendet dem Haar Feuchtigkeit, beruhigt die Kopfhaut und reguliert die Talgproduktion. Eine gesunde Kopfhaut ist wichtig für gesundes Haar, da sie ihren natürlichen Feuchtigkeitshaushalt aufrechterhält. Durch das Auftragen von Lavendelöl auf Ihre Kopfhaut regulieren Sie die Talgproduktion und tragen so dazu bei, dass Ihr Haar ausreichend mit Feuchtigkeit versorgt wird. Darüber hinaus hat Lavendelöl nährende Eigenschaften, die das Haar stärken und ihm Glanz verleihen.

• **Sorgt für einen entspannten Duft:** Der angenehme Duft von Lavendelöl wirkt entspannend, hilft, Stress abzubauen, und wirkt sich positiv auf die Gesundheit von Haar und Kopfhaut aus.

Lavendelöl kann Haarpflegeprodukten auf vielfältige Weise zugesetzt werden, beispielsweise als Zugabe einiger Tropfen zu Shampoo, Spülung oder Haarmaske. Alternativ kann es mit einem Trägeröl verdünnt und direkt auf die Kopfhaut aufgetragen werden.

Rezepte für das Haarwachstum

Haarmaske „Grow"
2 bis 3 Esslöffel Kokosöl
5 Tropfen Lavendelöl

Wärmen Sie das Kokosöl etwas an, damit es etwas flüssiger wird, und träufeln Sie dann das ätherische Öl hinzu. Vermischen Sie alles miteinander und tragen Sie die Maske auf Ihre Kopfhaut auf. Massieren Sie Ihre Kopfhaut mit einer speziellen Kopfhaut-Bürste, um die Wirkung zu verstärken. Lassen Sie die Maske für mindestens 30 Minuten einwirken und spülen Sie sie anschließend aus. Fahren Sie mit Ihrer gewohnten Haarwäsche fort.

Lavendelöl-Spray
¼ Tasse destilliertes Wasser
1 Teelöffel Aloe-vera-Gel
7 Tropfen Lavendelöl

Geben Sie das destillierte Wasser in eine Sprühflasche zusammen mit dem Aloe-vera-Gel. Träufeln Sie dann das ätherische Öl hinein, verschließen Sie die Flasche und schütteln Sie gut, um die Zutaten miteinander zu vermischen. Sprühen Sie dann die Mischung auf Ihre Kopfhaut. Sie müssen nicht mehr ausspülen.

Hinweis:
Da Aloe-vera-Gel nicht lange hält, ist das Spray maximal 3 bis 4 Tage haltbar.

Lavendelöl-Shampoo
Shampoo
8 Tropfen Lavendelöl

Geben Sie die übliche Menge Ihres Shampoos in Ihre Handfläche und fügen Sie das Lavendelöl hinzu. Schäumen Sie dann alles in Ihren Händen auf und massieren Sie mit kreisenden Bewegungen die Masse in Ihr Haar und auf Ihre Kopfhaut. Damit Sie Ihre Durchblutung besser anregen, üben Sie beim Massieren leichten Druck aus. Spülen Sie anschließend Ihr Haar gründlich aus.

Rosmarinöl für eine gesunde Kopfhaut

Ebenso wie das Lavendelöl kommt auch das Rosmarinöl schon sehr lange in der Haarpflege zum Einsatz. Es gilt als wirksam bei der Förderung der Gesundheit der Kopfhaut und des Haarwachstums. Es hat entzündungshemmende, antibakterielle und stimulierende Eigenschaften und gehört daher auch zu den wertvollen Inhaltsstoffen in Haarpflegeprodukten. Vor allem bei der Behandlung von Schuppen hat sich Rosmarinöl bewährt. Dank der antibakteriellen Eigenschaften von Rosmarinöl hilft es effektiv bei der Bekämpfung von Pilzen und Bakterien auf der Kopfhaut. Einige Formen von Schuppen werden durch Pilze verursacht und die antibakterielle Wirkung von Rosmarinöl kann dabei helfen, diese zu bekämpfen, was letztlich auch zu einer Gesundheit der Kopfhaut beiträgt. Außerdem reinigt das Öl auch die Kopfhaut und hilft, überschüssigen Talg und abgestorbene Hautzellen zu entfernen, wodurch Schuppen reduziert werden. Rosmarinöl ist in seiner Anwendung sanfter als viele Anti-Schuppen-Shampoos und schädigt daher die natürliche Schutzbarriere der Haut weniger. Sollten Sie an Schuppen leiden, ist es anzuraten, einen Fachmann zu konsultieren, um festzustellen, ob Ihre Schuppen eine medizinische Ursache haben. Besonders, wenn sie mit Juckreiz oder Schuppenbildung einhergehen, kann die Ursache eine Psoriasis (Schuppenflechte) oder Neurodermitis sein. Weitere Vorteile von Rosmarinöl in der Haarpflege sind außerdem:

- **Förderung das Haarwachstums:** Obwohl Rosmarinöl verlorengegangenes Haar nicht wiederherstellt, kann es sich, ähnlich wie das Lavendelöl, positiv auf das Haarwachstum auswirken. Es regt ebenso die Durchblutung der Kopfhaut an und erhöht so die Aufnahme von Nährstoffen und Sauerstoff durch die Haarfollikel.

- **hemmt Entzündungen:** Rosmarinöl hat entzündungshemmende Eigenschaften und kann helfen, Reizungen und Entzündungen der Kopfhaut zu reduzieren, was sich wiederum auch positiv auf die Schuppenbehandlung auswirkt.

- **Stärkung der Haarstruktur:** Die durch Rosmarinöl erzielte Verbesserung der Durchblutung macht das Haar kräftiger und widerstandsfähiger. Darüber hinaus enthält Rosmarinöl Antioxidantien, die dazu beitragen können, Schäden durch freie Radikale zu reduzieren und Ihr Haar vor Umweltschäden zu schützen. Regelmäßiges Auftragen von Rosmarinöl auf Ihre Kopfhaut und Ihr Haar stärkt die Haarstruktur, macht es kräftiger und elastischer.

- **hilfreich bei grauen Haaren:** Rosmarinöl wird aufgrund seines Gehalts an Carnosolsäure eine haarverjüngende Wirkung zugeschrieben. Es verleiht nicht nur spürbaren Glanz, sondern kaschiert auch optisch graue Haare.

Rezepte für eine gesunde Kopfhaut

Haarmaske mit frischem Rosmarin
250 ml Olivenöl
2 frische Rosmarinzweige
5 Tropfen Rosmarinöl

Erwärmen Sie das Olivenöl in einem Topf und legen Sie dann die beiden frischen Rosmarinzweige hinein. Träufeln Sie das Rosmarinöl dazu und lassen Sie alles etwa 5 Minuten ziehen. Geben Sie dann das noch warme Olivenöl auf Ihre Kopfhaut und massieren Sie dieses mit kreisenden Bewegungen oder mit einer Kopfhaut-Bürste ein. Nach 30 Minuten können Sie die Maske ausspülen und mit Ihrer gewohnten Haarpflege fortfahren.

Anti-Schuppen-Rosmarin-Spülung
1 Tasse Apfelessig
5–10 Tropfen Rosmarinöl

Geben Sie das Rosmarinöl in die Tasse mit dem Apfelessig und vermischen Sie beides gut. Tragen Sie dann nach der Haarwäsche die Spülung auf Ihre Kopfhaut auf, massieren Sie diese ein und spülen Sie anschließend die Mischung wieder aus.

Massageöl gegen Schuppen
1 Esslöffel Hamameliswasser
3 Tropfen Rosmarinöl

Mischen Sie beide Zutaten miteinander und geben Sie es anschließend auf Ihre Kopfhaut. Massieren Sie mit einer Kopfhaut-Bürste das Öl ein und lassen Sie es mindestens 30 Minuten einwirken, bevor Sie ausspülen und mit Ihrer gewohnten Haarwäsche fortfahren. Bei Bedarf kann dieses Öl täglich einmassiert werden, um Entzündungen zu reduzieren und Schuppen zu beseitigen.

Rosmarinöl eignet sich nicht nur für die Kopfhaut und die Haare, sondern auch für die Augenbrauen. Vermischen Sie hierfür 2 Esslöffel Rizinusöl mit 5

Tropfen Rosmarinöl. Massieren Sie das Öl jeden Abend vor dem Schlafengehen ein und lassen Sie es über Nacht einwirken. Sie werden bald schon deutlich vollere Augenbrauen haben, was es gerade für diejenigen leichter macht, die wenig Augenbrauen haben und somit selten eine schöne Form zupfen können.

Zitronenöl für einen unwiderstehlichen Glanz

Zitronenöl wird aufgrund seiner vielen Eigenschaften, die den Glanz und die Gesundheit des Haares verbessern, in der Haarpflege verwendet. Vor allem durch die Glättung der Schuppenschicht und das Reflektieren des Lichts erhält das Haar durch Zitronenöl einen besonderen Glanz. Es ist außerdem reich an Vitamin C, Antioxidantien und hat adstringierende Eigenschaften, was die Kollagenproduktion fördert und das Haar stärker und widerstandsfähiger macht. Auch dieses Öl ist dank seiner Wirkungen ein wertvoller Inhaltsstoff in unterschiedlichen Haarpflegeprodukten. Doch wie jedes andere Öl hat auch das Zitronenöl noch einige weitere positive Eigenschaften:

- **reinigt die Kopfhaut:** Zitronenöl hat reinigende Eigenschaften, die dabei helfen, überschüssigen Talg und Stylingprodukte von der Kopfhaut zu entfernen, die das Haar stumpf aussehen lassen. Eine saubere Kopfhaut ist jedoch wichtig für gesundes, glänzendes Haar.

- **beseitigt Schuppen:** Die adstringierenden Eigenschaften von Zitronenöl helfen, Schuppen zu bekämpfen, die Gesundheit der Kopfhaut zu verbessern und das Haar dadurch glänzender zu machen. Außerdem hilft Zitronenöl, überschüssiges Öl und abgestorbene Hautzellen von der Kopfhaut zu entfernen, was ebenfalls zur Verringerung von Schuppenbildung beiträgt

- **glättet die Haarstruktur:** Zitronenöl hilft, die äußere Haarschicht zu glätten, indem es die äußere Schuppenschicht der Haare versiegelt. Die Säuren im Zitronenöl glätten außerdem die äußere Haarschicht, was das Haar geschmeidiger und glänzender macht. Dieser Effekt reduziert Frizz und lässt das Haar glatter erscheinen. Weiterhin wird durch das Reflektieren des Lichts dem Haar ein natürlicher Glanz verliehen.

- **aufhellende Wirkung:** Ätherisches Zitronenöl hat die Fähigkeit, das Haar aufzuhellen, insbesondere in Kombination mit Sonnenlicht. Das Öl enthält natürliche Säuren, die dabei helfen, die äußere Haarschicht zu öffnen und Licht ins Innere eindringen zu lassen. Das Auftragen von Zitronenöl auf Ihr Haar und das anschließende Aufhalten in der Sonne können Ihr Haar etwas aufhellen. Dieser Prozess ist jedoch nicht so effektiv wie chemisches Bleichen und erfordert oft mehrere Durchgänge, um sichtbare Ergebnisse zu erzielen. Sie sollten jedoch im Kopf behalten, dass Zitronenöl parallel mit der Sonne auch Ihr Haar austrocknen kann, und daher bei der Anwendung vorsichtig sein. Am besten pflegen Sie Ihr Haar nach der Anwendung mit einer 30-minütigen Kur mit Kokosöl, um Trockenheit und Schäden zu vermeiden.

Zitronenöl kann übrigens wunderbar verdünnt mit einem Trägeröl als Leave-in-Behandlung verwendet werden.

Hinweis:
Bitte beachten Sie, dass Zitronenöl ein Photosensibilisator sein kann, was bedeutet, dass es Ihre Haut empfindlicher gegenüber Sonnenlicht machen kann. Daher ist bei der Verwendung von Zitronenöl in der Haarpflege Vorsicht geboten, insbesondere bei Menschen mit empfindlicher Haut oder Allergien.

Rezepte für mehr Glanz

Zitronenöl-Haarspülung
1 Tasse Wasser
7 Tropfen Zitronenöl

Geben Sie das ätherische Öl in die Tasse Wasser und mischen Sie es gut. Tragen Sie die Mischung nach der Haarwäsche auf Ihr Haar auf und spülen Sie nach 2 Minuten alles wieder aus.

Haarnebel „Glow"
¼ Tasse destilliertes Wasser
1 Teelöffel Aloe-vera-Gel
7 Tropfen Zitronenöl

Geben Sie das destillierte Wasser mit dem Aloe-vera-Gel in eine Sprühflasche und träufeln Sie anschließend das Zitronenöl hinein. Verschließen Sie die Flasche gut und schütteln Sie kräftig durch, um alles miteinander zu vermischen. Den Haarnebel können Sie nun für mehr Glanz bei Bedarf in Ihr trockenes oder noch feuchtes Haar sprühen.

Zitroniges Haaröl
¼ Tasse Jojobaöl
1 Esslöffel Mandelöl
10 Tropfen Zitronenöl

Geben Sie das Jojobaöl und das Mandelöl in eine kleine Flasche und tropfen Sie das ätherische Öl hinein. Verschließen Sie die Flasche und schütteln Sie einmal kräftig durch. Das Öl dient als Leave-in-Behandlung, indem Sie eine kleine Menge in Ihre Handflächen geben und es in die Spitzen und Längen Ihres Haares einmassieren. Das Haaröl ist etwa zwei bis drei Monate haltbar.

Fragen und Antworten

Welches Trägeröl ist das Mittel der Wahl?

Kokosöl ist eines der besten Trägeröle zur Verbesserung der Haardicke. Massieren Sie es mit Ihrem ätherischen Öl sanft in die Kopfhaut ein und spülen Sie es nach 30 Minuten aus. Lassen Sie Kokosöl niemals zu lange in Ihrem Haar, da es ein starkes Öl ist, das bei längerer Anwendung noch mehr Schäden anrichten kann.

Wie oft können ätherische Öle für das Haar angewendet werden?

Die meisten Menschen profitieren davon, diese Öle ein- oder zweimal pro Woche zu verwenden. Wenn Sie dies häufiger tun, entziehen Sie Ihrem Haar möglicherweise seine natürlichen Öle und ziehen dafür tatsächlich schädliche Rückstände und Schmutz an, die zum Haarausfall beitragen.

Profitiert das Haar von der Einwirkung der Öle über Nacht?

Absolut, denn das Öl kann die Haarfollikel erheblich stärken, insbesondere, wenn Sie trockenes, krauses Haar haben oder unter plötzlichem Haarausfall leiden. Führen Sie dafür am besten einen Allergietest durch, um mögliche allergische Reaktionen auszuschließen.

Do-it-yourself-Allergietest

Gerade, wenn es darum geht, herauszufinden, ob Sie Öle, Seren oder andere Kosmetika vertragen, gibt es eine einfache Methode, die Sie anwenden können. Tragen Sie eine kleine Menge Ihres gewünschten Öls auf die gereinigte, trockene Haut an Unterarmen und/oder Rücken auf. Sie können aber auch den Test hinter den Ohren durchführen. Für Kosmetika eignet sich diese Stelle sehr gut, denn diese dringen dabei leicht in den Kieferbereich ein, wodurch die Ergebnisse bei der Anwendung von Kosmetika im Gesicht zuverlässiger werden. Waschen Sie nach 24 Stunden die getestete Hautstelle und überwachen Sie Ihren Hautzustand nach 48 und 72 Stunden.

Wenn während des Tests Rötungen, Brennen, Juckreiz oder Reizungen auftreten, verwenden Sie das Produkt besser nicht.

Weitere wertvolle Öle für die Haarpflege

Neben den drei genannten Ölen verdienen noch andere ätherische Öle einen festen Platz in der Haarpflege. Zu diesen gehören:

Kamillenöl

Kamillenöl ist ein ätherisches Öl, das im Kampf gegen Haarausfall wirksam ist, da es entzündungshemmende und antimykotische Eigenschaften hat. Dies verbessert nicht nur dünner werdendes Haar, sondern kann auch die natürlichen Abwehrkräfte des Haares stärken. Darüber hinaus hilft Kamillenöl bekanntermaßen dabei, Stress zu reduzieren, der zum Haarausfall beiträgt.

Anwendung:
Geben Sie einfach ein paar Tropfen in Ihr normales Shampoo oder Ihre Spülung, massieren Sie es sanft in Ihre Kopfhaut ein und spülen Sie es anschließend gründlich aus. Eine andere Möglichkeit besteht darin, das Öl mit Wasser und Apfelessig zu mischen, um Ihrem Haar Glanz zu verleihen.

Muskatellersalbei

Wenn Sie dickeres Haar wünschen, könnte Muskatellersalbei für Sie von Interesse sein. Es stärkt den natürlichen Schutz der Haarfollikel und verhindert, dass diese brüchig werden und ausfallen. Dies liegt daran, dass es Linalylacetat enthält, einen natürlichen sekundären Pflanzenstoff, der bekanntermaßen das Wachstum von Mikroorganismen verlangsamt.

Anwendung:
Geben Sie ein paarmal pro Woche drei Tropfen zu Ihrer normalen Spülung oder einem Löffel Trägeröl, um alle Vorteile für das Haarwachstum zu nutzen.

Pfefferminzöl

Pfefferminzöl hat viele Verwendungsmöglichkeiten, da es starke körperliche Empfindungen auf der Kopfhaut hervorruft. Dieses „Kribbelgefühl" entsteht womöglich, weil das Öl die Hautdrüsen dazu anregt, mehr Talg abzusondern und die Blutzirkulation direkt zu den Haarfollikeln zu verbessern. Pfefferminze ist besonders wirksam bei der Verlängerung der Anagenphase (Haarwachstumsphase); das Haar wird kräftiger und länger. Darüber hinaus haben Wissenschaftler herausgefunden, dass Pfefferminzöl die Bildung von mehr Haarfollikeln anregt und dadurch das Haarvolumen und die Haardicke erhöhen kann.

Anwendung:
Geben Sie zwei Tropfen Pfefferminzöl zu Ihrem Trägeröl hinzu, massieren Sie es in Ihre Kopfhaut ein und spülen Sie es nach 5 Minuten aus. Wenden Sie es für ein optimales Ergebnis dreimal pro Woche an.

Teebaumöl

Mit seinem süßen Duft und den starken antiseptischen Eigenschaften ist Teebaumöl ein natürlicher Favorit vieler Menschen mit unterschiedlichen Gesundheitsproblemen. Doch gerade bei Haarausfall kann es eine praktische Hilfe bei der Behandlung diverser Haarprobleme und der Förderung des Haarwachstums sein. Mit seinen bekannten antibakteriellen Eigenschaften hilft es, verstopfte Haarfollikel zu lösen, und befeuchtet die Haarsträhnen.

Wissenschaftler haben auch herausgefunden, dass Teebaumöl andere Medikamente wie Minoxidil, ein Medikament bei erblich bedingtem Haarausfall, unterstützen und sie wirksamer machen kann. Teebaumöl wirkt an sich sehr stark, daher sollten Sie vorsichtig sein, wie viel Sie auf einmal verwenden.

Anwendung:
Geben Sie durchschnittlich zehn Tropfen zu Ihrem Lieblingsshampoo oder Ihrer Lieblingsspülung hinzu, um ein praktisches und einfach anzuwendendes Haarwasser zu erhalten.

Andererseits können Sie Teebaumöl zu Ihrem bevorzugten Trägeröl hinzufügen und es nach 15 Minuten Anwendung abwaschen.

Thymianöl

Thymian ist ein sehr wirksames ätherisches Öl, das nachweislich Haarausfall vorbeugt. Wissenschaftler haben herausgefunden, dass die Zugabe von Thymian zur Haarpflege Menschen mit Alopecia areata, dem kreisrunden Haarausfall, erheblich helfen kann.

Thymianöl hat entzündungshemmende Eigenschaften und trägt zur Verbesserung der Gesundheit und des Wohlbefindens der Haarfollikel bei. Allerdings ist Thymian eines der wirksamsten ätherischen Öle. Befolgen Sie daher unbedingt die folgende Anweisung.

Anwendung:
Es genügen bereits zwei kleine Tropfen Thymianöl mit einem Esslöffel Trägeröl. Massieren Sie Haare und Kopfhaut sanft damit ein und waschen Sie die Haare nach zehn Minuten aus.

Ylang-Ylang-Öl

Das Auftragen von Ylang-Ylang-Öl auf Ihr Haar ist eine weitere großartige Möglichkeit, das Haarwachstum zu fördern. Es kann auch dabei helfen, Ihr Haar zu verjüngen und Haarausfall vorzubeugen. Es regt die Produktion von Talg an, erhöht die Feuchtigkeit der Haare und beugt Trockenheit und Sprödigkeit vor.

Anwendung:
Mischen Sie etwa 8 Tropfen Ylang-Ylang-Öl mit einem Esslöffel Kokosöl und massieren Sie Ihre Kopfhaut und die Haarlängen damit ein. Lassen Sie es 30 Minuten einwirken und waschen Sie es danach wieder aus.

Zedernholzöl

Es wird angenommen, dass Zedernholzöl das Haarwachstum fördert, indem es den Drüsen in den Haarfollikeln hilft, Öl zu produzieren, die Haarsträhnen zu schmieren und Trockenheit zu verhindern.

Zedernholz hat wie Lavendel antibakterielle und antimykotische Eigenschaften, die dazu beitragen, Schuppen und schädliche Ablagerungen auf der Kopfhaut deutlich zu reduzieren. Zedernholz könnte für Menschen mit Alopecia areata von besonderem Interesse sein, da einige Studien gezeigt haben, dass es dabei helfen kann, das Haar zu verlängern und das Erscheinungsbild lichter werdender Bereiche zu verbessern.

Anwendung:
Geben Sie ein paar Tropfen zum Trägeröl Ihrer Wahl (z. B. Kokosöl oder Mandelöl) und tragen Sie es direkt auf die Kopfhaut auf. Nach etwa zehn Minuten mit Shampoo abwaschen.

Zedernholzöl kann 3- bis 4-mal pro Woche verwendet werden.

Zitronengrasöl

Schuppen stellen für viele Menschen ein häufiges Problem dar. Sie sind nicht nur unansehnlich, sondern können auch zu Pilzinfektionen oder entzündlichen Erkrankungen wie Lichen planopilaris führen. Bei dieser Krankheit handelt es sich um eine entzündliche Autoimmunerkrankung, welche die Haarfollikel zerstört. Aus diesem Grund sollte die Beseitigung von Schuppen auf der Kopfhaut oberste Priorität haben.

Das Zitronengrasöl erweist sich hier als wirksame Behandlung, da es nach zweiwöchiger Anwendung Schuppen um bis zu 74 % reduziert und so zukünftigem Haarausfall vorbeugt.

Anwendung:
Geben Sie zwei Tropfen in Ihr Shampoo oder Ihre Spülung und waschen Sie Ihr Haar wie gewohnt, um das Problem zu beseitigen und neues Haarwachstum zu fördern.

Tipps für die perfekte Haarpflege

Ob Sie nun lange Haare haben oder eine kurzgeschnittene Frisur tragen, alle Haare wünschen sich eine gute und vor allem korrekte Pflege, um langanhaltend gesund und frisch auszusehen. Die folgenden Tipps dienen daher zur Orientierung.

Ihre Haare möchten richtig gewaschen werden

Sehen Ihre Haare fettig aus und möchten Sie am besten sofort unter die Dusche springen? Dann halten Sie kurz inne, denn zu häufiges Waschen Ihrer Haare trocknet das Haar aus und regt die Kopfhaut dazu an, noch mehr Talg abzusondern. Was passiert also dadurch? Ihre Haare fetten noch schneller nach.

Empfehlenswert ist es, das Haar nur alle zwei bis drei Tage zu waschen. Dies unterbricht den Teufelskreis dauerhaft fettiger Haare. Damit Sie Ihr Haar von dem vielen Waschen entwöhnen, versuchen Sie, Ihr Haar einen Tag länger als sonst nicht zu waschen. Es lässt die Haare ausfetten und die Talgproduktion kann sich regulieren. Auch, wenn es viel Aufwand erfordert, Ihr Haar dankt es Ihnen.

Greifen Sie zu einem silikonfreien Shampoo

In jedem gängigen Drogeriemarkt können Sie eine ganze Bandbreite an Haarshampoos finden, wovon nicht jedes Ihr Haar entsprechend den Bedürfnissen wäscht und pflegt. Ungeeignete Pflegeprodukte können Ihren Haaren sogar schaden. Daher sollte Ihr Haarpflegeshampoo folgende Eigenschaften aufweisen:

- **sanfte Tenside:** Tenside reinigen Haar und Kopfhaut effektiv von Ölpartikeln und Schmutz, können aber auch zu Reizungen der Kopfhaut führen. Enthält das Shampoo besonders milde Tenside, reinigt es zuverlässig und schützt gleichzeitig die Haut.
- **frei von Silikonen und Parabenen:** Vermeiden Sie Shampoos mit künstlichen Zusätzen wie Silikonen und Parabenen. Sie bleiben an der Haaroberfläche und verhindern auf Dauer, dass die Pflegestoffe in das Haar eindringen.

Zum Haarewaschen reicht eine kastaniengroße Portion Shampoo für eine Haarwäsche. Schäumen Sie das Shampoo auf, verteilen Sie es auf Ihrem Haar und massieren Sie Ihre Kopfhaut mit leichten Massagebewegungen. Anschließend waschen Sie es gründlich aus.

Vermeiden Sie zu heißes Wasser

Eine heiße Dusche ist gerade an kalten Tagen unsagbar wohltuend, doch zu heißes Wasser schadet den Haaren, denn hohe Wassertemperaturen trocknen das Haar aus und machen es brüchig. Es ist besser, die Haare mit warmem Wasser zu waschen, um die wertvolle Schuppenschicht zu schützen.

Kein Trockenrubbeln Ihrer Haare

Ihr Haar ist empfindlich und neigt zu Haarbruch, insbesondere, wenn es nass oder feucht ist. Unter dem Einfluss von Feuchtigkeit öffnet sich die Haarstruktur und die Schuppenschicht schwillt an. Dies macht das Haar anfälliger für Schäden und Haarbruch, wenn es nicht richtig in diesem Zustand behandelt wird. Denken Sie immer daran, Ihr nasses Haar mit Vorsicht zu trocknen und zu kämmen. Rubbeln Sie Ihre Haare nach dem Duschen auf keinen Fall ab, sondern tupfen Sie sie lieber sanft mit einem Handtuch trocken. Stylen Sie Ihre Haare auch unbedingt erst dann mit einem Lockenstab oder Glätteisen, wenn die Haare vollständig trocken sind und über einen Hitzeschutz verfügen.

Lieber Haare kämmen statt bürsten

Wenn Ihr Haar noch feucht ist, kämmen Sie es vorsichtig mit einem Kamm statt mit einer Bürste. Dadurch wird Ihre Haarstruktur geschont. Auch Spülung oder Entwirrungsspray erleichtert das Kämmen.

Ihre Haare möchten richtig geföhnt werden

Ebenso wie zu heißes Wasser schadet auch eine zu hohe Föhntemperatur der Haarstruktur. Bevor Sie Ihr Haar föhnen, lassen Sie es etwa 15 Minuten an der Luft trocknen. Dadurch wird die äußere Schuppenschicht geschlossen und Ihr Haar weniger anfällig für Schäden. Um Ihr Haar anschließend zu trocknen, stellen Sie den Haartrockner auf die niedrigste oder mittlere Hitzestufe ein. Halten Sie den Haartrockner mindestens 20 cm von Ihrem Kopf entfernt.

Verwenden Sie keine 2-in-1-Produkte

Manche Haarpflegeprodukte werben damit, Shampoo und Spülung in einem zu sein. Aber Vorsicht: Beide Produkte dienen unterschiedlichen Zwecken. Das Shampoo reinigt das Haar mit milden Tensiden von Unreinheiten, während der Conditioner für leichte Kämmbarkeit und Glanz sorgt. Viele 2-in-1-Produkte erfüllen diese beiden Anforderungen nicht. Verwenden Sie daher lieber separate Produkte für die richtige Haarpflege.

Flechten Sie für die Nacht Ihre Haare

Dieser Haarpflege-Tipp ist besonders für Personen mit langen Haaren interessant. Um Verfilzungen in der Nacht zu vermeiden, flechten Sie Ihre Haare zu einem lockeren Zopf. Das bedeutet, dass Sie nach dem Aufwachen nicht stundenlang Ihre Haare bürsten müssen und sofort mit dem Stylen beginnen können.

Ätherische Öle zur Behandlung von Akne und Hautunreinheiten

Akne und Unreinheiten der Haut sind häufige Probleme, die Menschen jeden Alters betreffen können. Sie treten auf, wenn Haarfollikel verstopfen, was zu Entzündungen und Infektionen führt. Die Hauptursachen für Akne und Pickel sind eine Überproduktion von Talg, abgestorbene Hautzellen, Bakterien und hormonelle Veränderungen.

Die Talgdrüsen der Haut produzieren Öle, um die Haut zu schützen und mit Feuchtigkeit zu versorgen. Wenn jedoch zu viel Talg abgesondert wird, können die Poren verstopfen und sich entzünden. Abgestorbene Hautzellen können auch die Poren verstopfen und zu Mitessern oder Whiteheads (weiße Mitesser) führen. Bakterien wie Propionibacterium Acnes können in verstopften Poren wachsen und Entzündungen verursachen.

Unterschied zwischen Mitessern und Pickeln:
Mitesser und Pickel sind beide Arten von Akne, unterscheiden sich jedoch in Form und Ausbildung.

Mitesser, auch genannt „Komedonen", sind kleine, dunkle Flecken auf der Haut, die entstehen, wenn die Poren verstopft sind. Sie bilden sich, wenn sich überschüssiger Talg und abgestorbene Hautzellen in den Haarfollikeln festsetzen und auf der Hautoberfläche oxidieren. Dies führt zu einer dunklen Verfärbung der Mitesser.

Pickel hingegen entstehen, wenn sich verstopfte Poren entzünden. Bakterien können in verstopfte Haarfollikel eindringen und Entzündungen verursachen, die zu Rötungen, Schwellungen und Eiterbildung führen.

Auch hormonelle Veränderungen, insbesondere während der Pubertät, Schwangerschaft oder Menstruation, können zu einer erhöhten Talgproduktion und einem erhöhten Aknerisiko führen. Die Behandlung von Akne und Hautunreinheiten kann je nach Schweregrad variieren. Zu den gängigen Behandlungen gehören:

- **Sauberkeit:** Eine gute Reinigung ist wichtig, um überschüssigen Talg und abgestorbene Hautzellen zu entfernen. Verwenden Sie sanfte Reinigungsmittel, um Hautreizungen zu vermeiden.

- **Peeling:** Regelmäßiges Peeling entfernt abgestorbene Hautzellen und reduziert verstopfte Poren.
- **topische Behandlungen:** Produkte mit Inhaltsstoffen wie Benzoylperoxid oder Salicylsäure können helfen, Bakterien zu bekämpfen und Entzündungen zu reduzieren.
- **Feuchtigkeitscreme:** Auch, wenn Sie fettige Haut haben, ist es wichtig, eine leichte Feuchtigkeitscreme zu verwenden, um Ihre Haut mit Feuchtigkeit zu versorgen und Trockenheit vorzubeugen.
- **ätherisches Öl:** Einige ätherische Öle wie Teebaumöl oder Lavendelöl haben entzündungshemmende Eigenschaften und können bei der Behandlung von Akne hilfreich sein.

In schwereren Fällen kann ein Besuch bei einem Dermatologen erforderlich sein, der Ihnen verschreibungspflichtige Medikamente oder andere Behandlungen empfehlen wird.

Teebaumöl als Entzündungshemmer

Wie bereits erwähnt, ist vor allem das Teebaumöl das Mittel der Wahl, wenn es um Akne und unerwünschte Hautunreinheiten geht, da es natürliche antibakterielle und entzündungshemmende Eigenschaften hat. Diese Eigenschaften helfen, Akne verursachende Bakterien zu bekämpfen und Entzündungen zu reduzieren. Darüber hinaus hilft Teebaumöl dabei, überschüssigen Talg zu kontrollieren, ein weiterer Faktor, der Akne verursacht. Es kann auch dazu beitragen, verstopfte Poren zu befreien und abgestorbene Hautzellen zu entfernen, was auch zur Vorbeugung von Akne beiträgt.

Teebaumöl (Melaleuca alternifolia)

Teebaum kommt aus der Familie der Myrtengewächse und der Duft ist frisch und krautig. Hergestellt wird das Teebaumöl durch Wasserdampfdestillation und die Inhaltsstoffe sind

- Monoterpene,
- Monoterpenole,
- Oxide,
- Sesquiterpene,
- Sesquiterpenole.

Wirkung:

- antibakteriell
- antiviral
- antimykotisch
- hemmt Entzündungen
- reduziert Hautunreinheiten

Anwendung:

- Akne
- Harnwegsinfekte
- Insektenstiche
- Mitesser und Pickel
- Mundpflege
- Pilzinfektionen
- Wunden

Wichtig:
Teebaumöl in seiner reinen Form verursacht oftmals Hautreizungen, da es in seiner Wirkung sehr stark ist. Daher sollte es vor dem Auftragen auf die Haut immer mit einem Trägeröl wie Jojobaöl oder Mandelöl verdünnt werden. Bevor Sie Teebaumöl zur Behandlung von Akne verwenden, sollten Sie es auch auf Ihrem Unterarm testen, um sicherzustellen, dass keine allergische Reaktion beziehungsweise Überempfindlichkeit vorliegt.

Rezepte mit Teebaumöl

Teebaumöl-Gesichtsreiniger
übliches Reinigungsgel
2 Tropfen Teebaumöl

Schäumen Sie Ihren üblichen Gesichtsreiniger in den Händen auf und träufeln Sie das Teebaumöl hinzu. Reinigen Sie dann Ihr Gesicht und waschen Sie alles mit lauwarmem Wasser wieder ab.

Dampfbad mit Teebaumöl
eine Schüssel heißes Wasser
4 Tropfen Teebaumöl

Erhitzen Sie Wasser im Wasserkocher oder Kochtopf, geben Sie es in eine Schüssel und träufeln Sie das ätherische Öl hinzu. Beugen Sie sich über die Schüssel und bedecken Sie Ihren Kopf mit einem Handtuch, sodass das Öl eingefangen ist. Lassen Sie den Dampf für 10 Minuten Ihre Poren öffnen und Unreinheiten lösen.

Teebaumöl-Gesichtsmaske
1 Esslöffel Tonerde oder Heilerde
3 Tropfen Teebaumöl

Mischen Sie der Tonerde beziehungsweise Heilerde das ätherische Öl hinzu und geben Sie die Maske auf Ihr gereinigtes Gesicht. Lassen Sie diese für 10 Minuten einwirken, waschen Sie dann Ihr Gesicht mit lauwarmem Wasser ab und tragen Sie eine Feuchtigkeitscreme auf.

Manukaöl zur Unterstützung der Heilung

Manukaöl ist sehr wohltuend für die Gesichtshaut, da es viele wunderbare Eigenschaften hat, die zur Förderung einer gesunden Haut beitragen können. Es hat zum Beispiel starke antibakterielle Eigenschaften, die dabei helfen, Bakterien auf der Haut zu bekämpfen. Dies kann besonders bei der Behandlung von Akne und anderen Hautunreinheiten hilfreich sein. Daneben ist das Öl entzündungshemmend, was Rötungen und Schwellungen reduziert. Dies macht es gerade für Menschen mit empfindlicher oder gereizter Haut zu einer guten Wahl. Weiterhin besitzt Manukaöl feuchtigkeitsspendende Eigenschaften, die dazu beitragen, die Haut mit der nötigen Feuchtigkeit zu versorgen und Trockenheit zu reduzieren. Zu guter Letzt enthält es außerdem Antioxidantien, die freie Radikale bekämpfen und die Haut vor Schäden durch Umwelteinflüsse schützen.

Manukaöl (Leptospermum scoparium)

Manuka kommt aus der Familie der Myrtengewächse und der Duft ist erdig, warm und schwer. Hergestellt wird das Manukaöl durch Wasserdampfdestillation und die Inhaltsstoffe sind

- Monoterpene,
- seltene Triketone und
- Sesquiterpene.

Wirkung:

- hemmt Entzündungen
- stark antibakteriell

stark antimykotisch

- regeneriert die Haut
- pflegt die Haut
- gleicht die Psyche aus

Anwendung:

- Akne
- allergischer Schnupfen
- Ekzeme
- Juckreiz
- Schuppenflechte
- Vaginal- und Fußpilz

Neben der Verwendung des ätherischen Öls ist auch ein hochwertiger Manukahonig eine tolle Ergänzung. Den Honig können Sie pur auf die betroffenen Stellen auftragen und so lange, wie Sie möchten, einwirken lassen. Bereits nach der ersten Anwendung ist die vorher noch starke Rötung meist erheblich abgeklungen. Zu empfehlen ist, dass Sie den Honig auf Ihr Gesicht auftragen und dabei in der Badewanne entspannen. Mit der Zeit fängt der Honig an, zu laufen, was innerhalb der Wanne kein großes Problem darstellt.

Rezepte mit Manukaöl

Manuka-Reinigungs-Lotion

übliche/s Reinigungslotion, -waschgel oder -milch
2 Tropfen Manukaöl

Geben Sie Ihre übliche Reinigungslotion in Ihre Hand und tropfen Sie das ätherische Öl hinzu. Schäumen Sie es nun mit Ihren Händen auf und reinigen Sie damit wie gewohnt Ihr Gesicht. Das Manukaöl kann so täglich angewendet werden.

Beruhigende Gesichtsmaske

2 Esslöffel Naturjoghurt
1 Teelöffel Manukaöl
1 Teelöffel feine Haferflocken

Vermischen Sie den Joghurt, das Manukaöl und die Haferflocken zu einer Paste. Tragen Sie die Maske auf das gereinigte Gesicht auf und lassen Sie sie etwa 15 Minuten einwirken, bevor Sie die Maske mit lauwarmem Wasser abwaschen.

Manuka-Gesichtscreme

Übliche Tagescreme
1 Tropfen Manukaöl

Geben Sie Ihre Tagescreme, die Sie üblicherweise verwenden, in Ihre Hände und tropfen Sie das Manukaöl hinzu. Vermischen Sie es mit beiden Händen und tragen Sie die Pflege anschließend auf Ihr Gesicht auf.

Leiden Sie nicht nur unter Unreinheiten, sondern plagt Sie auch eine Erkältungskrankheit, können Sie mit Manukaöl inhalieren. Geben Sie dafür 5 Tropfen in eine Schüssel voll heißem Wasser. Beugen Sie Ihr Gesicht darüber und bedecken Sie Ihren Kopf mit einem Handtuch. Die Dämpfe dringen tief in Ihre Atemwege ein und unterstützen gleichzeitig noch Ihre Gesichtshaut.

Zypressenöl zur Verfeinerung der Poren

Neben den beiden zuvor genannten Ölen ist auch Zypressenöl sehr gut, wenn es darum geht, das Hautbild zu verfeinern. Aufgrund seiner adstringierenden Eigenschaften wird Zypressenöl häufig als Adstringens in der Hautpflege eingesetzt. Adstringenzien sind Substanzen, die helfen können, die Poren zu verengen und das Erscheinungsbild großer Poren zu reduzieren. Dies geschieht durch die Regulierung der Talgproduktion und die Entfernung von überschüssigem Talg und Unreinheiten aus den Poren. Die adstringierenden Eigenschaften des Zypressenöls tragen zur Straffung und Elastizität der Haut bei, was wiederum das Erscheinungsbild der Poren verbessert. Durch die Straffung der Poren wird auch das Risiko von Mitessern und Whiteheads verringert. Darüber hinaus hat Zypressenöl entzündungshemmende und antiseptische Eigenschaften, die dazu beitragen, Rötungen, Schwellungen und Entzündungen zu reduzieren und Bakterien auf der Haut zu bekämpfen. All dies verbessert das Erscheinungsbild der Poren und macht das Öl besonders nützlich bei der Behandlung von Akne und anderen entzündlichen Hauterkrankungen, zumal es besonders hilfreich bei der Vorbeugung von Pickeln ist. Zu all den positiven Wirkungsweisen kommt noch eine straffende Wirkung hinzu, denn Zypressenöl verbessert die Hautelastizität und strafft die Haut. Es wirkt zudem beruhigend auf die Haut und hilft, Reizungen zu reduzieren.

Zypressenöl (Cupressus sempervirens)

Die Zypresse kommt aus der Familie der Zypressengewächse und der Duft ist harzig und holzig. Hergestellt wird das Zypressenöl durch Wasserdampfdestillation und die Inhaltsstoffe sind

- Ester,
- Ketone,
- Monoterpene,
- Monoterpenole,
- Oxide,
- Sesquiterpene und
- Sesquiterpenole.

Wirkung:

- beruhigend auf die Psyche
- hemmt Entzündungen
- unterstützt die Atemwege
- antimikrobiell
- glättet und entfettet die Haut
- fördert die Durchblutung
- adstringierend

Anwendung:

- Cellulitis
- Erkältungsbeschwerden
- Gelenkbeschwerden
- Krampfadern
- Muskelschmerzen
- Verbesserung der Raumluft
- Verfeinerung der Poren

Rezepte mit Zypressenöl

Erfrischendes Hautpflegeerlebnis
übliche Gesichtscreme
1 Tropfen Zypressenöl

Geben Sie Ihre Tagescreme, die Sie üblicherweise verwenden, in Ihre Hände und tropfen Sie das Zypressenöl hinzu. Vermischen Sie es mit beiden Händen und tragen Sie die Pflege anschließend auf Ihr Gesicht auf.

Gesichtsöl „pore-refining"
30 ml Jojobaöl
3 Tropfen Zypressenöl
3 Tropfen Lavendelöl

Geben Sie die drei Zutaten in eine kleine Flasche und schütteln Sie sie gut. Tragen Sie täglich ein paar Tropfen Öl auf das gereinigte Gesicht auf und massieren Sie es sanft ein. Dieses beruhigende Gesichtsöl hilft, Rötungen zu reduzieren und die Haut zu beruhigen.

Porenverfeinerndes Gesichtsdampfbad
1 Schüssel heißes Wasser
3 Tropfen Zypressenöl

Geben Sie Zypressenöl in eine Schüssel mit heißem Wasser und neigen Sie sich zur Schüssel, um den Dampf einzuatmen. Bedecken Sie Ihren Kopf mit einem Handtuch, um den Dampf einzuschließen. Dieser öffnet die Poren und löst Unreinheiten auf.

Weitere Tipps für ein ebenmäßiges und glattes Hautbild

Es gibt noch viele weitere Tipps, die mit einem gesunden und reinen Hautbild eng in Verbindung stehen. Wenn Sie einige davon in Ihr Leben integrieren, tun Sie sich und Ihrer Haut sehr viel Gutes.

• **Greifen Sie nur selten zu Milchprodukten:** Milchprodukte regen nachweislich die Talgproduktion an, was Akne verschlimmern kann. Zwar ist Talg für die Hautgesundheit unerlässlich, da er die Haut mit Feuchtigkeit versorgt und zur Aufrechterhaltung einer stabilen Hautbarriere beiträgt, allerdings kann ein Ungleichgewicht zu Hautproblemen führen. Der Verzehr von Milch und anderen Milchprodukten kann zu Insulinspitzen führen, die wiederum dazu führen können, dass die Leber Wachstumshormone produziert. Diese Hormone steigern die Talgproduktion und verstopfen dadurch die Poren – ganz zu schweigen davon, dass der Großteil der Milch, die wir konsumieren, oft von trächtigen Kühen stammt und große Mengen an insulinähnlichen Wachstumshormonen enthält. Obwohl es ideal für die Entwicklung neugeborener Kälber ist, kann sich das Vorhandensein dieses Hormons negativ auf Menschen mit zu Akne neigender Haut auswirken, da es die Produktion von Talg erhöhen und Reizungen verursachen kann.

• **Avocado, Lachs, Leinsamen und Walnüsse:** Für gewisse Akneschübe sind bestimmte Moleküle verantwortlich, die die Talgproduktion antreiben und so für Hautreizungen sorgen. Diese Lebensmittel hemmen die Moleküle und damit auch die Schübe.

• **ausreichend Trinken:** Dem Körper ausreichend Flüssigkeit zuzuführen, trägt dazu bei, dass Sie Ihre Haut mit Feuchtigkeit versorgen. Eine gut hydrierte Haut ist widerstandsfähiger gegenüber äußeren Einflüssen, was Pickel reduzieren kann. Wasser spielt auch eine wichtige Rolle bei der Entgiftung des Körpers und hilft dabei, Giftstoffe und Abfallstoffe auszuscheiden. Eine gute Entgiftung baut Stress im Körper ab und verbessert so die Gesundheit der Haut. Außerdem hilft eine ausreichende Flüssigkeitszufuhr dabei, die Talgproduktion zu regulieren. Ein Ungleichgewicht in der Talgproduktion kann zu verstopften Poren und Akne führen. Auch ist Wasser essentiell bei der Unterstützung der Hautzellregeneration. Eine gute Zellregeneration entfernt abgestorbene Hautzellen und das Erscheinungsbild von Akne kann sich dadurch verbessern.

• **Peeling:** Wie Sie bereits wissen, verstopfen abgestorbene Hautzellen Ihre Poren, daher ist ein sanftes Peeling einmal, maximal zweimal, die Woche, sehr zu empfehlen. Ein DIY-Rezept finden Sie im nachfolgenden Unterkapitel.

• **Regelmäßige Gesichtsreinigung:** Reinigen Sie Ihr Gesicht regelmäßig sowohl morgens als auch abends. Es gibt immer noch sehr viele, die glauben, eine abendliche Reinigung sei weitaus wichtiger, um den Schmutz und die Partikel von der Haut zu waschen, die sich tagsüber dort gesammelt haben, doch die Reinigung am Morgen ist genauso essentiell. Über Nacht produziert die Haut Talg und Schweiß, die sich auf der Hautoberfläche ansammeln, ebenso wie abgestorbene Hautzellen. Sie wissen, all dies verstopft die Poren und lässt Pickel entstehen. Eine morgendliche Reinigung entfernt jene Rückstände und befreit die Haut von überschüssigem Öl. Außerdem nimmt eine gereinigte Haut die Pflegeprodukte besser auf.

- **Reduzieren Sie Stress:** Stress hat viele negative Auswirkungen auf den Körper und Hautprobleme bilden da keine Ausnahme. Bei Stress produziert der Körper vermehrt das Hormon Cortisol, das die Talgproduktion in der Haut steigert. Dies kann zu verstopften Poren und Akne führen. Darüber hinaus kann Stress auch die Durchblutung der Haut beeinträchtigen und eine blasse und müde Haut begünstigen. Versuchen Sie sich daher an Entspannungsübungen und orientieren Sie sich dabei an den Empfehlungen innerhalb dieses Ratgebers.

DIY-Naturkosmetik mit ätherischen Ölen

In diesem Teil des Buches geht es um die selbst hergestellte Naturkosmetik mit ätherischen Ölen, die sich sehr einfach zu Hause umsetzen lässt. Die Verwendung natürlicher Inhaltsstoffe und ätherischer Öle zur Herstellung von Kosmetika ist nicht nur eine großartige Möglichkeit, Ihre Pflege individuell zu gestalten, sondern auch eine Gelegenheit, die heilenden und ernährungsphysiologischen Eigenschaften der Natur zu nutzen. Von aromatischen Körperölen über beruhigende Gesichtsmasken bis hin zu regenerierenden Haarbehandlungen sind die Möglichkeiten endlos. Mit unzähligen ätherischen Ölen, jedes mit seinem ganz eigenen Duft und seinen therapeutischen Eigenschaften, können Sie Ihr ganz persönliches Hautpflegeprogramm zusammenstellen, das nicht nur Ihrem Körper guttut, sondern auch Ihre Sinne verwöhnt. Sie erhalten eine große Menge an Rezepten von Kopf bis Fuß. Tauchen Sie also ein in die Welt der selbstgemachten Naturkosmetik und entdecken Sie die Freude und Vorteile, die sie mit sich bringt.

Rezepte für die Kopfhaut

Kopfhaut-Peeling gegen Rückstände

2 Esslöffel Meersalz
2 Esslöffel Kokosöl
2 Tropfen Teebaumöl
2 Esslöffel Apfelessig

Erwärmen Sie das Kokosöl, bis es flüssig ist, und geben Sie dann alle Zutaten in eine kleine Schüssel. Vermischen Sie alles und massieren Sie das Peeling mit kreisenden Bewegungen in die Kopfhaut ein. Nach 10 Minuten Einwirkzeit können Sie Ihre Haare ausspülen.

Übernacht-Maske gegen trockene Kopfhaut
1 Becher Naturjoghurt
2 Esslöffel Honig
2 Esslöffel Arganöl
2 Tropfen Lavendelöl
2 Tropfen Palmarosaöl

Geben Sie das Arganöl mit den ätherischen Ölen in eine Schüssel, vermischen Sie dieses und fügen Sie anschließend den Honig und den Joghurt hinzu. Mischen Sie nochmals durch und massieren Sie die Maske in Ihr trockenes Haar ein. Wickeln Sie dann ein Handtuch um Ihre Haare oder setzen Sie eine Haube auf und lassen Sie die Maske über Nacht einwirken.

Rezepte für die Haare

Haarpomade für mehr Struktur
2 Esslöffel Bienenwachspellets
3 Esslöffel Sheabutter
2 Esslöffel Jojobaöl
1 Esslöffel Maisstärke
3 Tropfen Rosmarinöl

Schmelzen Sie Bienenwachs und Sheabutter in einem Wasserbad, achten Sie auf die maximale Temperatur von 37 Grad Celsius. In einer separaten Schüssel Maisstärke und Jojobaöl mischen und die geschmolzenen Zutaten sowie das Rosmarinöl hineinrühren. Vermischen Sie alles gut miteinander und füllen Sie es in ein Schraubglas um. Für mehr Struktur entnehmen Sie bei Bedarf eine kleine Menge, verreiben sie mit Ihren Fingerspitzen und streichen diese durch Ihre Haare. Die Pomade hält sich etwa 8 Wochen.

Ölmischung „Anti-Haarausfall“
5 Tropfen Lavendelöl
5 Tropfen Rosmarinöl
5 Tropfen Thymianöl
5 Tropfen Zedernholzöl
1/3 Tasse Kokosöl oder Jojobaöl

Geben Sie das Öl in eine Schüssel und vermischen Sie dieses mit den aufgelisteten ätherischen Ölen. Füllen Sie die Mischung in ein Schraubglas und tropfen Sie vor jeder Haarwäsche mit einer Pipette etwas davon auf Ihre Kopfhaut. Massieren Sie nun das Öl etwa 5 Minuten ein, bevor Sie Ihr Haar ganz normal waschen.

Rezepte für die Lippen

Lippenpeeling
1 Teelöffel Zucker
1 Teelöffel Honig
1 Teelöffel Olivenöl
2 Tropfen Lavendelöl

Geben Sie alle Zutaten in eine kleine Schüssel und verrühren Sie diese zu einer Paste. Tragen Sie nun das Peeling mit Ihren Händen auf die Lippen und massieren Sie sanft mit kreisenden Bewegungen Ihre Lippen. Danach können Sie Ihre Lippen entweder abtupfen oder mit warmem Wasser abwaschen.

Lippenbalsam „Grundrezept"
10 Gramm Sheabutter
10 Gramm Kakaobutter
5 Gramm Carnaubawachs
80 Gramm Jojobaöl
20 Tropfen ätherisches Öl Ihrer Wahl

Erwärmen Sie im ersten Schritt die Shea- und Kakaobutter sowie das Carnaubawachs im Wasserbad. Rühren Sie dann das Jojobaöl unter und tropfen Sie das ätherische Öl hinzu. Füllen Sie den Balsam in einen Tiegel und tragen Sie bei Bedarf den Balsam auf Ihre Lippen. Haltbar ist dieser mehrere Monate.

Um einen Lippenbalsam herzustellen, stehen Ihnen viele verschiedene ätherische Öle mit unterschiedlichen Wirkungsweisen zur Verfügung.
Winterpflege: Vanilleöl und Manukaöl
Sommerpflege: Rosenöl und Ylang-Ylang-Öl
Anspruchsvolle Lippen: Melissenöl und Pfefferminzöl
Kräuterpflege: Lavendelöl und Rosmarinöl

Rezepte für das Gesicht

Gesichtspeeling
50 Gramm Zucker
10 ml Mandelöl
3 Tropfen Bergamottöl
2 Tropfen Ylang-Ylang-Öl

Mischen Sie das Mandelöl mit den ätherischen Ölen und rühren Sie dann den Zucker unter. Für ein Gesichtspeeling verwenden Sie 1 bis 2 Teelöffel und massieren es sanft mit kreisenden Bewegungen ein, bevor Sie es mit lauwarmem Wasser abwaschen und mit Ihrer üblichen Gesichtspflege fortfahren.

Leichte Tagespflege

40 ml Mandelöl oder Jojobaöl
10 Tropfen Manukaöl
60 ml Rosenhydrolat oder destilliertes Wasser

Mischen Sie die ersten beiden Zutaten in einer 100-ml-Sprühflasche und füllen Sie dann mit dem Rosenhydrolat beziehungsweise dem Wasser auf. Schütteln Sie die Flasche, auch vor jeder Anwendung, sprühen Sie die Pflege entweder nach der Reinigung direkt auf Ihr Gesicht oder auf ein Wattepad und tupfen Sie damit Ihr Gesicht ab.

Rezepte für die Hände

Handspray „Handdesinfektion"
48 ml Wodka
2 ml Jojobaöl
20 bis 35 Tropfen Ravintsaraöl, Zitrusöle, Nadelbaumöle, Manukaöl oder Palmarosaöl

Geben Sie alle Zutaten in eine 50-ml-Sprühflasche und mischen Sie durch Schütteln alles gut miteinander. Schütteln Sie auch vor jeder Anwendung die Flasche.

Handcreme
100 Gramm Sheabutter
70 ml Mandelöl
10 ml Avocadoöl
5 Tropfen Rosenöl
5 Tropfen Vanilleöl

Schmelzen Sie die Sheabutter in einem Wasserbad, geben Sie dann die restlichen Öle hinzu und füllen Sie alles in ein verschließbares Gefäß. Bei Bedarf die Hände damit eincremen. Haltbar ist die Handcreme mehrere Monate.

Rezepte für den gesamten Körper

Körper- und Massageöl
50 ml Pflanzenöl
5 bis 15 Tropfen ätherisches Öl Ihrer Wahl

Geben Sie das Pflanzenöl in eine Braunglasflasche und tropfen Sie ein ätherisches Öl Ihrer Wahl hinein – hierfür eignen sich alle Öle. Verschließen Sie die Flasche und schütteln Sie sie behutsam.

Tipp:
Wenn Ihr Körper feucht ist, kann das Körperöl besser in Ihre Haut eindringen.

Schüttellotion für exklusive Pflege und Feuchtigkeit
25 ml Pflanzenöl
25 ml Hydrolat Ihrer Wahl
5 Tropfen Sanddornfruchtfleischöl

Füllen Sie das Hydrolat Ihrer Wahl – es eignet sich das, was Sie am liebsten riechen – in eine Sprühflasche und geben Sie die beiden Öle hinein. Schütteln Sie vor jeder Anwendung die Flasche, damit sich Wasser und Öle miteinander verbinden.

Möchten Sie die Schüttellotion für Ihr Gesicht verwenden, achten Sie darauf, dass das Hydrolat keinen Alkoholzusatz enthält.

Sheabalsam
30 Gramm Sheabutter
20 ml Pflanzenöl
5 bis 10 Tropfen Melissenöl, Rosenöl, Lavendelöl, Manukaöl oder Orangenöl

Schmelzen Sie die Sheabutter im Wasserbad und geben Sie das Pflanzenöl sowie das ätherische Öl hinzu. Füllen Sie die Mischung in ein Schraubgefäß und schütteln Sie dieses kräftig. Bei Bedarf auf die Haut, das Gesicht, auf Hände oder Füße schmieren.

Kokosölbalsam (auch zur Zeckenabwehr)
40 Gramm Kokosöl
10 ml Pflanzenöl
5 bis 10 Tropfen Melissenöl, Rosenöl, Lavendelöl, Pfefferminzöl oder Orangenöl

Erwärmen Sie das Kokosöl, bis es flüssig ist, und geben Sie dann alle Zutaten in ein Schraubgefäß. Schütteln Sie dieses kräftig. Bei Bedarf auf die Haut, die Haare, auf Hände oder Füße schmieren. Dieser Balsam eignet sich vor allem im Sommer zur Zeckenabwehr.

Parfümbalsam
40 g Sheabutter
20–25 Tropfen Rosenöl, Benzoe-Extrakt oder Lavendelöl

Schmelzen Sie die Sheabutter im Wasserbad und tropfen Sie das ätherische Öl hinein. Geben Sie den Balsam in ein verschließbares Gefäß und tragen Sie ihn hinter Ihrem Ohr oder auf die Stelle des Handgelenks, an der Sie Ihren Puls spüren, auf.

Rasiercreme für Männlein und Weiblein
30 Gramm Sheabutter
30 Gramm Kokosöl
40 ml Pflanzenöl
20 bis 30 Tropfen Cistrosenöl, Zitrusöl, Lavendelöl, Rosengeranienöl oder Zedernöl

Schmelzen Sie die Sheabutter und das Kokosöl in einem Wasserbad und geben Sie dann das Pflanzenöl sowie das ätherische Öl hinein. Verrühren Sie alles mit einem Schneebesen und stellen Sie die Mischung für eine Stunde in den Kühlschrank, bis sie fest ist. Nehmen Sie dann die Schüssel aus dem Kühlschrank und lassen Sie diese 15 Minuten ruhen. Rühren Sie dann mit einem Handrührgerät die Masse für etwa 4 bis 5 Minuten schaumig. Danach die Rasiercreme in ein sauberes verschließbares Gefäß füllen und bei Bedarf die benötigte Menge mit einem Rasierpinsel aufschäumen. Die Rasiercreme eignet sich für Beine, Achseln, Gesicht und Intimbereich.

Deospray
25 ml Salbeihydrolat
25 ml Wodka
15 Tropfen Zitrusschalenöl, Zirbelkieferöl, Lavendelöl oder Palmarosaöl
1 Teelöffel Speisenatron

Füllen Sie den Wodka und das Hydrolat in eine 50-ml-Sprühflasche, geben Sie das Natron sowie das ätherische Öl hinein und vermischen Sie alles miteinander. Schütteln Sie vor jeder Anwendung die Flasche.

Körperpeeling
1 Esslöffel Zucker
2 Esslöffel Pflanzenöl
3 Tropfen Lavendelöl, Palmarosaöl, Rosmarinöl oder Zitronenöl

Mischen Sie in einer Schüssel alle Zutaten, tragen Sie das Peeling mit kreisenden Massagebewegungen auf Ihren Körper auf und spülen Sie anschließend alles mit warmem Wasser ab.

Rezepte für die Beine

Kaffeepeeling „Anti-Cellulite"

1 Esslöffel koffeinhaltiger Kaffeesatz
1 Esslöffel Pflanzenöl
3 Tropfen Zitronenöl, Grapefruitöl, Orangenöl, Zypressenöl oder Lavendelöl

Mischen Sie in einer Schüssel alle Zutaten, tragen Sie das Peeling mit kreisenden Massagebewegungen auf Ihre Beine auf und spülen Sie anschließend alles mit warmem Wasser ab. Mischen Sie dieses Peeling immer frisch an für die sofortige Verwendung.

Beinwohl-Creme

50 ml Pflanzenöl
5 Gramm Bienenwachs
2 Teelöffel Wacholderbeeren
2 Teelöffel Rosmarinnadeln
10 Tropfen Rosmarinöl
5 Tropfen Wacholderbeeröl

Für diese Creme stellen Sie zunächst einen Ölauszug aus Wacholder und Rosmarin her. Mahlen Sie dazu den Wacholder im Mörser, hacken Sie die Rosmarinnadeln etwas kleiner und gießen Sie das Pflanzenöl in einem verschlossenen Glas über die Gewürze. Lassen Sie anschließend alles für zwei Wochen bei Zimmertemperatur stehen und schütteln Sie das Glas gelegentlich. Nach den zwei Wochen geben Sie das Öl durch einen Filter. Schmelzen Sie dann im zweiten Schritt das Bienenwachs im Wasser und fügen Sie das Rosmarin-Wacholderöl hinzu. Anschließend die Mischung aus dem Wasserbad nehmen und abkühlen lassen. Fügen Sie zum Schluss die beiden ätherischen Öle hinzu und füllen Sie die Salbe in ein verschließbares Glasgefäß. Bei Bedarf auf Ihre müden Beine auftragen. Haltbar ist die Salbe mehrere Monate.

Rezept für die Füße

Fußdeo
40 ml Hydrolat Ihrer Wahl
10 ml Wodka
15 Tropfen Manukaöl, Rosengeranienöl, Lavendelöl, Grapefruitöl oder Salbeiöl

Geben Sie alle Zutaten in eine 50-ml-Sprühflasche und schütteln Sie vor jeder Anwendung die Flasche. Bei Bedarf auf die Füße sprühen.

Tipp:
Ein Fußbad mit 4 Teelöffeln Natron und einem Schuss Essig wirkt hervorragend Schweißfüßen entgegen.

Reichhaltige Fußcreme
40 ml Hamameliswasser
40 ml Jojobaöl
10 Gramm Sheabutter
5 Gramm Kakaobutter
5 Tropfen Rosengeranienöl
5 Tropfen Benzoeöl
2 Tropfen Thymianöl

Erhitzen Sie die Sheabutter in einem Wasserbad und geben Sie dann das Jojobaöl und die Kakaobutter hinzu, bis alles geschmolzen ist. Mischen Sie dann die ätherischen Öle unter und halten Sie die Temperatur bei 37 Grad Celsius. Erhitzen Sie in einem separaten Topf das Hamameliswasser auf 40 Grad und rühren Sie es dann mit einem Schneebesen ganz langsam in die Ölmischung, bis die Masse homogen ist. Rühren Sie so lange weiter, bis die Masse anfängt, fester zu werden, bevor Sie die Creme in ein verschließbares Gefäß geben und einen Tag in den Kühlschrank zum Aushärten stellen. Bei Bedarf die Creme in die Füße einmassieren. Die Haltbarkeit der Fußcreme beträgt mehrere Monate.

Gesundheit und Wellness mit ätherischen Ölen

Willkommen in der Welt der ganzheitlichen Gesundheit und des Wohlbefindens, in der die Kraft der Natur im Mittelpunkt steht. Da ätherische Öle vor allem wegen ihrer heilenden Eigenschaften in der Aromatherapie eingesetzt werden, um die Entspannung zu fördern, Stress abzubauen und die allgemeine Gesundheit zu unterstützen, geht es in diesem Kapitel darum, wie Sie mit deren Hilfe Ihren Körper, Ihren Geist und Ihre Seele in Einklang bringen. Von beruhigenden Düften bis hin zu therapeutischen Anwendungen bieten ätherische Öle eine natürliche und ganzheitliche Möglichkeit, Gesundheit und Wohlbefinden zu unterstützen.

Ätherische Öle zur Linderung von Kopfschmerzen und Migräne

Kopfschmerzen, wer kennt sie nicht? Sei es durch zu wenig Sauerstoff, zu wenig Flüssigkeit im Organismus oder der Vorabend endete mit einem zu tiefen Blick ins Glas. Häufig sind überstimulierte Zellen im Schädel die Ursache. Im Kopf hämmert es, es drückt oder zieht, einseitig oder beidseitig, intermittierend oder kontinuierlich, mit oder ohne Übelkeit. Etwa 70 Prozent der Deutschen haben mindestens einmal in ihrem Leben an diesem Schmerz gelitten. Die Symptome können je nach Art der Kopfschmerzen variieren und es gibt mehr als 200 verschiedene Arten von Kopfschmerzen. Die häufigsten davon sind:

- Spannungskopfschmerzen,
- Clusterkopfschmerzen,
- Migräne.

Menschen verspüren in der Regel Schmerzen, wenn ein Körperteil verletzt ist – sei es dadurch, dass sie beispielsweise ihre Hand auf einem heißen Herd verbrennen oder wenn sie sich einen Knochen brechen. In solchen Fällen leiten einige Nervenzellen den entstandenen Schaden an das Gehirn weiter. Dort wird das Signal in mehreren Zwischenstufen verarbeitet, bis sie es als Schmerz empfinden. Bei Kopfschmerzen können Ärzte selbst mit speziellen, großen Gehirnscangeräten keine körperlichen Schäden feststellen. Im Schädel stimmt dennoch etwas nicht: Die Nerven funktionieren anders, die gesamte Gruppe der Nervenzellen gerät bei Kopfschmerzen aus dem Gleichgewicht. Bei einem Spannungskopfschmerz ist der Erregungsfilter des Gehirns gestört. Seine Aufgabe besteht darin, wichtige Impulse durchgehen zu lassen und unwichtige Impulse zu unterdrücken. Bei Spannungskopfschmerzen arbeitet das Kontrollsystem nicht achtsam genug, was bedeutet, dass Reize, die zum allgemeinen Hintergrundrauschen des Gehirns gehören, ungehindert in die Impulsbahnen des Schmerzsystems fließen. In diesem Moment empfindet ein Betroffener dies als Schmerz. Migräne verläuft auf ähnliche Weise. Das Gehirn von Menschen mit Migräne kann die täglichen Signale des Körpers manchmal nicht richtig verarbeiten. Einfache, alltägliche Reize werden schnell schmerzhaft. Nach einiger Zeit wird das Gehirn so angespannt, dass selbst das Klopfen des Blutes in den Adern als Schmerzwelle wahrgenommen wird. Darüber hinaus entzünden sich die Wände dieser Blutgefäße, was zu zusätzlichen Schmerzen führt.

Einfache Hausmittel helfen oft dabei, wiederkehrende Kopfschmerzen zu lindern, ebenso wie die ätherischen Öle als kleine Wunderhilfe. Bewährt haben sich vor allem

- Pfefferminzöl,
- Eukalyptusöl und
- Lavendelöl.

Pfefferminzöl zur Schmerzlinderung und Kühlung

Pfefferminzöl ist deshalb ein wunderbares Mittel zur Linderung von Kopfschmerzen und Migräne, da es entzündungshemmende und schmerzstillende Eigenschaften hat. Es enthält Menthol, das die Blutgefäße erweitert, was zur Verbesserung der Durchblutung und zur Linderung von Spannungskopfschmerzen beitragen kann, vor allem durch das Auftragen auf die Haut. Die kühlende Wirkung von Pfefferminzöl hilft außerdem, Schmerzen zu lindern und Entzündungen, als Ursache von Kopfschmerzen, zu reduzieren. Auch das Einatmen von Pfefferminzöl bei Kopfschmerzen schafft eine merkliche Linderung. Durch die Inhalation öffnen sich die Atemwege und die Sauerstoffversorgung optimiert sich.

Rezepte mit Pfefferminzöl

Anti-Kopfschmerz-Roll-On

10 ml Mandelöl oder Jojobaöl
10 Tropfen Pfefferminzöl

Geben Sie das ätherische Öl mit dem Jojobaöl beziehungsweise Mandelöl in einen Roll On und tragen Sie es bei Bedarf auf Schläfen und/oder Ihren Nacken auf. Wenn es Ihnen hilft und guttut, können Sie Ihre Schläfen zusätzlich mit Zeige- und Mittelfinger sanft massieren.

Pfefferminzöl-Inhalation
Schüssel mit heißem Wasser
5 Tropfen Pfefferminzöl

Tropfen Sie in eine Schüssel mit heißem Wasser das ätherische Öl hinein. Beugen Sie sich mit Ihrem Gesicht über die Schüssel und fangen Sie den aufsteigenden Dampf mit einem Handtuch über Ihrem Kopf ein. Atmen Sie etwa 5 bis 10 Minuten durch die Nase ein und wieder aus.

Pfefferminzöl-Kühlung
eine Tasse kaltes Wasser
5 Tropfen Pfefferminzöl
sauberes Tuch

Mischen Sie das ätherische Öl mit dem kalten Wasser in der Tasse. Tränken Sie dann ein sauberes Tuch darin, wringen Sie es aus und legen Sie es sich auf Ihre Stirn oder Ihren Nacken, so lange, wie es sich für Sie gut anfühlt.

Eukalyptusöl zur Entspannung der Muskeln

Auch Eukalyptusöl findet Anwendung bei Kopfschmerzen und Migräne, weil es die Entspannung der Muskeln und die Öffnung der Atemwege fördert, was bei Kopfschmerzen und Migräne hilfreich sein kann. Eukalyptusöl mit seinen entzündungshemmenden und schmerzstillenden Eigenschaften lockert verspannte Muskeln, die oftmals zu Kopfschmerzen führen, Insbesondere zu Spannungskopfschmerzen, die durch verspannte Muskeln im Nacken, in den Schultern und im Kopf verursacht werden. Zum genauen Mechanismus, warum verspannte Muskeln Kopfschmerzen verursachen können, gibt es mehrere Theorien, zu denen beispielsweise Durchblutungsstörungen gehören. Verspannte Muskeln können die Durchblutung im betroffenen Bereich beeinträchtigen, was zu einer unzureichenden Sauerstoffversorgung der Muskeln und des umliegenden Gewebes führt und somit Schmerzen verursacht. Sind die Muskeln verspannt, so reizen und komprimieren diese die Nerven in diesem Bereich, was dazu führt, dass Schmerzsignale an das Gehirn gesendet und als Kopfschmerzen wahrgenommen werden. Oftmals nehmen Betroffene auch eine Schonungshaltung ein. Die wiederum schlechte Körperhaltung und ein Ungleichgewicht der Muskeln belasten andere bestimmte Muskeln übermäßig, was an anderen Stellen wieder Verspannungen und Schmerzen auslöst, die zum Gehirn weitergeleitet werden. Daher eignet sich Eukalyptusöl vor allem als Massageöl, um die Muskelverspannungen im Nacken und in den Schultern zu lösen, damit sich letztlich auch der Spannungskopfschmerz löst. Eukalyptusöl hat außerdem eine schleimlösende Wirkung und kann helfen, verstopfte Atemwege zu befreien. Dies ist besonders hilfreich, wenn Sie an Migräne leiden, da viele Menschen während eines Migräneanfalls begleitend eine verstopfte Nase oder einen Druck in den Nebenhöhlen haben.

Eukalyptusöl (Eukalyptus globulus)

Der Eukalyptus kommt aus der Familie der Myrtengewächse und der Duft ist mild, frisch und zitronig. Hergestellt wird das Eukalyptusöl durch Wasserdampfdestillation und die Inhaltsstoffe sind

- Monoterpene,
- Monoterpenole,
- Oxide,
- Sesquiterpene und
- Sesquiterpenole.

Wirkung:

- muntert die Psyche auf
- fördert die Konzentration
- anregend
- antiseptisch
- desodorierend
- regeneriert die Haut
- heilt Wunden
- senkt Fieber
- hemmt Entzündungen
- lindert Schmerzen
- erfrischt
- schleimlösend

Anwendung:

- Darmparasiten
- Durchblutungsstörungen
- Erkältungskrankheiten, vor allem der oberen Atemwege
- Fieber
- Harnwegserkrankungen
- Kopfschmerzen
- Muskelschmerzen
- Pilzerkrankungen
- Rheumabeschwerden

Eukalyptusöl ist sehr beliebt und bekannt. Weltweit gibt es mehr als 600 Arten dieser Myrte. Ätherisches Öl kann jedoch nur aus etwa 20 Sorten gewonnen werden. Der wichtigste medizinische Eukalyptus wächst in Australien und wird Blauer oder Tasmanischer Eukalyptus genannt. Die Ureinwohner Australiens, die Aborigines, wissen seit Hunderten von Jahren um seine Heilkräfte. Diese Pflanze benötigt viel Wasser, um gut zu wachsen, weshalb sie häufig zur Entwässerung von Feuchtgebieten eingesetzt wird. Mit einer Höhe von 65 Metern ist er einer der größten Bäume der Welt. Baumwurzeln dringen so tief in den Boden ein, dass sie selbst tiefste Wasserquellen finden können. In der Literatur findet sich zum Thema Eukalyptus der Begriff „Fieberbaum“. Dies liegt daran, dass er in Gebieten angebaut wird, die von Malaria betroffen sind, da er Wasser aus dem Boden aufnimmt. Das bedeutet, dass Malaria übertragende Insekten keine Eier legen können und weniger Menschen an Sumpffieber erkranken.

Rezepte mit Eukalyptusöl

Eukalyptus-Massageöl
50 ml Pflanzenöl
15 Tropfen Eukalyptusöl

Geben Sie das Pflanzenöl in eine Braunglasflasche und tropfen Sie das ätherische Öl hinein. Verschließen Sie die Flasche und schütteln Sie sie behutsam. Massieren Sie mit diesem Öl Ihre Schläfen, Ihren Nacken, Ihre Schultern und alle verspannten Bereiche etwa 1- bis 2-mal täglich.

Aromaduftlampe
10 Tropfen Eukalyptusöl

Geben Sie das Eukalyptusöl ins Wasser einer Duftlampe und zünden Sie diese an. Legen Sie sich ganz entspannt daneben, schließen Sie die Augen und atmen Sie für 20 Minuten tief durch die Nase ein und wieder aus.

Eukalyptus-Roll-On
10 ml Mandelöl oder Jojobaöl
10 Tropfen Eukalyptusöl

Geben Sie das ätherische Öl mit dem Jojobaöl beziehungsweise Mandelöl in einen Roll On und tragen Sie es bei Bedarf auf Ihre Schläfen und/oder Ihren Nacken auf. Wenn es Ihnen hilft und guttut, können Sie Ihre Schläfen zusätzlich mit Zeige- und Mittelfinger sanft massieren.

Lavendelöl zur Beruhigung und Linderung von Spannungskopfschmerzen

Über die heilenden Wirkungen von Lavendel wurde in diesem Ratgeber bereits ausführlich berichtet. Wenn Ihre Kopfschmerzen durch Stress, Anspannung oder Angst verursacht werden, kann dieses ätherische Öl eine entspannende Atmosphäre schaffen. Der sanfte Duft von Lavendel eignet sich besonders abends und verhilft zu einem erholsamen Schlaf. Ein guter Schlaf ist wichtig, um Spannungskopfschmerzen vorzubeugen, da Schlafmangel ein Auslöser für diese sein kann. Außerdem werden Stress und Anspannung abgebaut, was wiederum die Häufigkeit und Intensität von Spannungskopfschmerzen reduzieren kann.

Rezepte mit Lavendelöl

Lavendel-Diffuser
8 Tropfen Lavendelöl

Geben Sie ein paar Tropfen Lavendelöl in einen Diffusor und lassen Sie den beruhigenden Duft sich im Raum verteilen. Dies trägt dazu bei, Stress abzubauen und eine angenehme Atmosphäre zu schaffen, die Kopfschmerzen lindern kann.

Lavendelöl-Kopfmassage
2 Esslöffel Mandelöl oder Jojobaöl
3 Tropfen Lavendelöl

Mischen Sie 2 bis 3 Tropfen Lavendelöl mit dem Trägeröl und massieren Sie es sanft in Ihre Schläfen, Ihren Nacken und Ihre Stirn ein. Die beruhigende Wirkung von Lavendelöl hilft Ihnen, Spannungskopfschmerzen zu lindern.

Badeöl „Hallo Entspannung"
1 Esslöffel Kokosöl
5 Tropfen Lavendelöl
5 Tropfen Pfefferminze

Geben Sie das Kokosöl und die beiden ätherischen Öle in das einlaufende Badewasser und baden Sie etwa 20 Minuten. Legen Sie das Bad vorzugsweise in die Abendstunden, sodass Sie sich danach gleich für einen erholsamen Schlaf hinlegen können.

Neben den drei soeben genannten Ölen gibt es noch das Rosenöl, welches auf natürliche Weise hilfreich ist. Bestandteile des Rosenöls wie Citronellol und Geraniol sind sehr gut verträglich, verbessern die Stimmung und sind auf vielen Ebenen sehr wohltuend für den Körper. Dieses Öl hat entzündungshemmende Eigenschaften, reduziert Krämpfe und Verspannungen, wirkt beruhigend und entspannend und hat vor allem eine schmerzstillende Wirkung. Dadurch wird die Übertragung schmerzhafter Reize entlang der Nerven deutlich reduziert und die Kopfschmerzen verschwinden. Bewahren Sie Ihr Rosenöl auf jeden Fall lichtgeschützt auf, da es dazu neigt, sehr schnell ranzig zu werden. Haltbar ist ein gutes Öl etwa ein halbes Jahr.

Anwendung:
Geben Sie einen Tropfen Rosenöl auf Ihre Schläfen oder Ihre Stirn und massieren Sie sie sanft ein. Alternativ können Sie zwei Tropfen auf einen nassen Waschlappen träufeln und diesen auf Ihre Stirn legen. Die Wirkung des Rosenöls entfaltet sich nach etwa einer Viertelstunde. Möchten Sie lieber eine Duftlampe verwenden, geben Sie 8 Tropfen Rosenöl in das Wasser und zünden die Kerze an.

Rezept

Dieses Rezept für eine Handcreme zaubert Ihnen nicht nur sehr weiche Hände, sondern lindert auch Ihre Kopfschmerzen, wenn Sie Ihre Hände vor die Nase halten.

Handcreme mit Rosenöl
100 ml Rosenöl
4 Gramm Bienenwachs
1 Teelöffel Vitamin E
100 g Aloe-vera-Gel

Schmelzen Sie im ersten Schritt das Bienenwachs im Wasserbad. Geben Sie dann das ätherische Öl hinzu sowie das Vitamin E und das Aloe-vera-Gel. Verrühren Sie nun alles sorgfältig und geben Sie die Creme anschließend in ein sauberes verschließbares Gefäß. Die Haltbarkeit dieser Handcreme beträgt etwa 6 Monate.

Weitere Tipps gegen Kopfschmerzen

Auch kleine Veränderungen in Ihrem Alltag können schon Wunder wirken. Der eine oder andere folgende Tipp lässt sich ganz sicher leicht umsetzen und die Kopfschmerzen verschwinden.

- **Finden Sie den Auslöser:** Dieser Schritt ist wichtig, wenn Ihre Kopfschmerzen vor allem häufiger auftreten. Legen Sie sich dafür am besten ein Schmerztagebuch zu, dieses lässt Sie die Trigger einfacher erkennen.

- **Achten Sie auf Ihre Ernährung:** Bestimmte Lebensmittel können Kopfschmerzen entstehen lassen. Vor allem Lebensmittel mit viel Histamin stehen im Verdacht, wie etwa Tomaten, Schokolade oder auch Rotwein. Sollten Sie bemerken, dass Sie nach dem Verzehr ausgewählter Nahrungsmittel Kopfschmerzen bekommen, reduzieren Sie diese oder lassen Sie sie ganz weg. Hierfür ist das Tagebuch ebenfalls sehr hilfreich.

- **Lernen Sie, zu entspannen:** Da Stress und emotionale Last sehr oft zu Kopfschmerzen und auch Migräne führen, gilt es, zu lernen, sich zu entspannen. Nehmen Sie sich täglich 15 Minuten Zeit für Ihre ganz eigene Entspannungs-Me-Time. Ob Sie Yoga oder die Progressive Muskelentspannung, die Sie bereits kennen gelernt haben, ausüben, bleibt dabei ganz Ihnen überlassen. Wichtig ist, dass Sie sich diese Zeit für sich nehmen.

- **Praktizieren Sie Sport:** Auch Sport bringt Ihnen Ausgleich und Entspannung. Eine am Universitätsklinikum Kiel durchgeführte Studie ergab, dass regelmäßige Bewegung die Anzahl und Dauer von Migräneattacken reduziert. Ausdauersport, wie Joggen oder Schwimmen, ist besonders wirksam.

- **Geben Sie sich eine Akupressur-Behandlung:** Gezielte Stimulation bestimmter Akupressurpunkte mittels Nadeln oder auch durch leichten Druck der Finger sind Teil der Traditionellen Chinesischen Medizin (TCM) und lassen sich bei Kopfschmerzen sehr gut anwenden. Auch unangenehme Nebenwirkungen der Migräne, wie zum Beispiel Übelkeit, lassen sich durch die Akupressur reduzieren. Eine wichtige Schmerzlinderungsstelle, die Sie leicht selbst erreichen können, befindet sich auf Ihrem Handrücken, genau dort, wo sich Zeigefinger und Daumen treffen. Mit dem Daumen der anderen Hand erreichen Sie diesen Punkt besonders gut. Drücken Sie 1 bis 2 Minuten lang leicht darauf, bis es sich etwas unangenehm anfühlt, und wechseln Sie dann die Hände.

Wichtig: Schwangere sollten davon absehen, diesen Punkt zu stimulieren, da dies auch die Wehen begünstigen kann.

- **Senfmehl-Fußbad:** Wenn Sie Ihre Füße in warmem Wasser mit Senfmehl baden, können Sie damit auch Kopfschmerzen und Migräne lindern. Es hat eine anregende Wirkung und fördert die Durchblutung des gesamten Körpers. Dazu lösen Sie etwa 2 bis 3 Esslöffel pharmazeutisches Senfpulver in etwa 5 Liter warmem Wasser auf und lassen beide Füße darin für 10 bis 15 Minuten. Anschließend Füße waschen, trocknen und mindestens eine halbe Stunde ruhen lassen.

Unterstützung des Immunsystems mit ätherischen Ölen

Die Verwendung ätherischer Öle zur Unterstützung des Immunsystems ist eine Praxis, die es schon seit Jahrhunderten gibt und die aufgrund ihrer natürlich heilenden und beruhigenden Eigenschaften immer beliebter wird. Ätherische Öle stärken das Immunsystem und machen den Körper widerstandsfähiger gegen Krankheiten. Von der Entspannung bis zur Krankheitserregerbekämpfung können ätherische Öle eine wertvolle Ergänzung zu einem gesunden Lebensstil sein.

Exkurs: Das Immunsystem

Täglich ist der Körper von unzähligen Viren und Bakterien umgeben, die schwere Schäden im Körper verursachen können. Das Immunsystem und seine Organe sind in erster Linie für die Bekämpfung von Eindringlingen, Krankheitserregern und Mikroorganismen sowie die Vorbeugung von Infektionen verantwortlich. Wenn wir Bakterien, Viren, Pilze oder Parasiten aufnehmen, bekämpft unser Immunsystem sie. Das Immunsystem wird in primäre lymphatische Organe und sekundäre lymphatische Organe unterteilt. An erster Stelle stehen die lymphatischen Organe. Dazu gehören die Thymusdrüse und das Knochenmark. Dabei entstehen aus Stammzellen Immunzellen, sogenannte Lymphozyten. Lymphozyten werden über den Blutkreislauf zu sekundären lymphatischen Organen transportiert.

Zu den sekundären lymphatischen Organen gehören Milz, Lymphknoten, gastrointestinales Lymphgewebe, Mandeln, Schleimhäute und Lunge. Sobald sie in den entsprechenden Organen angekommen sind, vermehren sich die Lymphozyten und spezialisieren sich, bis sie zum Kampf gegen Eindringlinge „berufen" werden.

Wenn ein solcher Befehl gegeben wird, erreichen Lymphozyten zusammen mit dem Lymphfluss den betroffenen Bereich. Daher sind geschwollene Lymphknoten oder Mandeln immer ein Zeichen für die akute Abwehrreaktion des Körpers gegen eine Infektion.

Einige ätherische Öle wie Teebaumöl und Eukalyptusöl sind für ihre entzündungshemmenden Eigenschaften bekannt. Durch die Reduzierung der Entzündungen im Körper wird der gesamte Organismus dadurch unterstützt. Darüber hinaus haben einige ätherische Öle wie das Thymianöl antibakterielle Eigenschaften, die zum Schutz vor Krankheitserregern wie Bakterien, Viren und Pilzen beitragen können. Ein weiterer wichtiger Aspekt ist die Stressreduktion. Da chronischer Stress das Immunsystem über kurz oder lang schwächt, kann die Verwendung dieser Öle zur Entspannung und zur Stärkung des Immunsystems beitragen. Daneben kommt es noch zur Anregung der Durchblutung, wodurch es den Nährstoffen besser gelingt, sich im Körper zu verteilen, was zusätzlich das Immunsystem stärkt.

Teebaumöl zur Stärkung der Abwehrkräfte

Teebaumöl wird aufgrund seiner potenziell antibakteriellen und entzündungshemmenden Eigenschaften häufig zur Unterstützung des Immunsystems eingesetzt. Die Hauptbestandteile des Teebaumöls, wie Terpinen-4-ol und Alpha-Terpineol, haben nachweislich eine antibakterielle Wirkung gegen Bakterien, Viren und Pilze. Durch die Bekämpfung von Krankheitserregern trägt Teebaumöl zur Stärkung des Immunsystems bei. Darüber hinaus besitzt das Teebaumöl auch entzündungshemmende Eigenschaften, womit verschiedene Entzündungsherde im Körper reduziert werden können. Wie bereits erwähnt, belasten chronische Entzündungen das Immunsystem, weswegen die Verwendung von Teebaumöl einen erheblichen Mehrwert darstellt, wenn es darum geht, das Gleichgewicht im Körper aufrechtzuerhalten und das Immunsystem zu stärken.

Rezepte mit Teebaumöl

Teebaumöl-Diffuser

8 Tropfen Teebaumöl

Geben Sie ein paar Tropfen Teebaumöl in einen Diffusor und lassen Sie den stärkenden Duft sich im Raum verteilen. Dies stärkt Ihre Abwehrkräfte und befreit die Luft zudem von Bakterien.

Teebaum-Badeöl

1 Esslöffel Kokosöl
5 Tropfen Teebaumöl

Geben Sie das Kokosöl und das ätherische Öl in das einlaufende Badewasser und baden Sie etwa 20 Minuten. Atmen Sie dabei tief durch die Nase ein.

Teebaum-Inhalation

5 Tropfen Teebaumöl
5 Tropfen Manukaöl

Tropfen Sie in eine Schüssel mit heißem Wasser die beiden ätherischen Öle hinein. Beugen Sie sich mit Ihrem Gesicht über die Schüssel und fangen Sie den aufsteigenden Dampf mit einem Handtuch über Ihrem Kopf ein. Atmen Sie etwa 10 bis 15 Minuten durch die Nase ein und wieder aus. Wiederholen Sie die Inhalation täglich bis zu zweimal.

Eukalyptusöl zur Förderung der Atmung

Eukalyptusöl wird ganz traditionell zur Linderung von Atemwegsbeschwerden eingesetzt, aufgrund seiner entzündungshemmenden und schleimlösenden Eigenschaften. Es ist eines der wirksamsten ätherischen Öle gegen verschiedene Krankheitserreger und zählt zu den am hilfreichsten antiseptischen Ölen. Eukalyptusöl enthält Verbindungen wie Eukalyptol, diese tragen dazu bei, den Schleim in den Atemwegen zu verdünnen, die Schleimsekretion zu fördern und Entzündungen in den Atemwegen zu reduzieren. Verstopfte Nasengänge werden dadurch geöffnet und das Atmen wird leichter. Weiterhin kann es die Aufnahmekapazität in den Zellen erhöhen. Wird Eukalyptusöl inhaliert, gelangen die genannten Verbindungen in die Atemwege und können dort ihre Wirkung entfalten, wobei das Öl in einem Diffuser auch Keime in der Luft abtötet. Ebenfalls erwähnenswert ist, dass Eukalyptusöl den Blutzuckerspiegel senkt, was den positiven Effekt hat, dass der Organismus während einer Grippe weniger belastet ist.

Rezepte mit Eukalyptusöl

Eukalyptus-Inhalierstift
3 Tropfen Eukalyptusöl
Riechstift

Geben Sie die 3 Tropfen Eukalyptusöl auf das Watteröllchen und stecken Sie dieses anschließend wieder auf die Hülse des Stiftes. Immer, wenn Sie merken, dass Ihre Nase verstopft ist und Sie Schwierigkeiten haben, Luft zu bekommen, können Sie an Ihrem Inhalierstift riechen.

Duft-Taschentücher
1 Tropfen Eukalyptusöl
1 Packung Taschentücher

Ziehen Sie aus der Mitte einer vollen Taschentücher-Packung eines zu Hälfte heraus und tropfen Sie einen Tropfen Eukalyptusöl darauf. Schieben Sie dann das Taschentuch wieder zurück in die Packung. Bereits nach einer Stunde, haben Sie Duft-Taschentücher, die Ihnen besonders in der Erkältungszeit zu einer freien Nase verhelfen.

Eukalyptus-Inhalation
Schüssel mit heißem Wasser
5 Tropfen Eukalyptusöl

Tropfen Sie in eine Schüssel mit heißem Wasser das ätherische Öl hinein. Beugen Sie sich mit Ihrem Gesicht über die Schüssel und fangen Sie den aufsteigenden Dampf mit einem Handtuch über Ihrem Kopf ein. Atmen Sie etwa 5 bis 10 Minuten durch die Nase ein und wieder aus. Wiederholen Sie die Inhalation täglich bis zu zweimal.

Thymianöl zur Unterstützung der Immunfunktion

Das Thymianöl ist schon sehr lange für seine vielen gesundheitlichen Vorteile bekannt, darunter die Unterstützung der Immunfunktion und die Hemmung von Entzündungen, weswegen es sehr gerne bei Husten eingesetzt wird. Durch die antibakteriellen Eigenschaften stärkt es das Immunsystem und bekämpft effektiv Infektionen. Außerdem steigert es die Produktion weißer Blutkörperchen, die, wie Sie wissen, eine wichtige Rolle bei der Bekämpfung von Krankheitserregern spielen. Doch Thymianöl besitzt auch entzündungshemmende Eigenschaften, die hilfreich bei der Linderung von Schmerzen und Entzündungen im Körper sind. Aus diesem Grund wird es auch sehr gerne bei der Behandlung von Erkrankungen wie Arthritis, Muskelzerrungen und Atemwegsinfektionen eingesetzt.

Thymianöl (Thymus vulgaris)

Thymian kommt aus der Familie der Lippenblütler und der Duft ist würzig, frisch und krautig. Hergestellt wird das Thymianöl durch Wasserdampfdestillation und die Inhaltsstoffe sind

- Ester,
- Monoterpene,
- Monoterpenole,
- Oxide und
- Sesquiterpene.

Wirkung:

- antiseptisch
- hemmt Entzündungen
- schleimlösend
- desinfizierend
- aufbauend
- stärkend
- kraftschenkend

Anwendung:

- Erkältungen
- Gelenkbeschwerden
- grippale Infekte
- Hautprobleme
- Mundpflege
- Muskelschmerzen
- Stirnhöhlenentzündung
- Verdauungsförderung

Um die gesundheitlichen Vorteile von Thymianöl zu nutzen, kann es auf vielfältige Weise verwendet werden.

Rezepte mit Thymianöl

Thymian-Inhalation „Husten adé"

Schüssel mit heißem Wasser
5 Tropfen Thymianöl
3 Tropfen Eukalyptusöl

Tropfen Sie in eine Schüssel mit heißem Wasser die beiden ätherischen Öle hinein. Beugen Sie sich mit Ihrem Gesicht über die Schüssel und fangen Sie den aufsteigenden Dampf mit einem Handtuch über Ihrem Kopf ein. Atmen Sie etwa 15 bis 20 Minuten durch die Nase ein und wieder aus. Wiederholen Sie die Inhalation täglich bis zu dreimal.

Thymian-Gute-Nacht-Öl

1 Esslöffel Mandelöl, Jojobaöl oder Kokosöl
2 Tropfen Thymianöl

Mischen Sie 2 bis 3 Tropfen Thymianöl mit dem Trägeröl und massieren Sie es sanft in Ihre Schläfen, Ihren Nacken und Ihre Stirn ein. Es ist vor allem dann sehr gut geeignet, wenn Sie aufgrund einer Erkältung nicht gut schlafen können.

Gurgeln mit Thymianöl

100 Gramm Salz
5 Tropfen Thymianöl

Haben Sie Husten, Halsschmerzen und/oder Entzündungen im Rachenbereich, so hilft das Gurgeln mit Thymianöl sehr gut. Vermischen Sie die aufgezählten Zutaten in einem verschließbaren Gefäß. Geben Sie dann einen Teelöffel in ein halbes Glas warmes Wasser und gurgeln Sie damit. Dies können Sie mehrmals täglich machen.

Weitere Tipps zur Unterstützung des Immunsystems

Sie wissen bereits, dass Ihr Immunsystem zu jeder Stunde arbeitet und Tag sowie Nacht alle Arten von Krankheitserregern, von Bakterien über Viren bis hin zu Pilzen, äußerst effektiv bekämpft. Es wird geschätzt, dass jeden Tag Milliarden von Immunzellen entstehen, was eine beträchtliche Leistung ist. Um den Körper in seinen vielen Vorgängen bestmöglich zu unterstützen, können wir eine ganze Menge tun. Vor allem eine gesunde Ernährung und ein ausgewogener Lebensstil tragen dazu bei, die normale Funktion des Immunsystems sicherzustellen. In der heutigen Zeit sind die Themen Stimulierung, Aufbau und Stärkung des Immunsystems aktueller denn je, denn ein schwaches Immunsystem trägt dazu bei, dass Infektionskrankheiten schwerwiegender werden und somit mehr Zeit erforderlich ist, diese zu therapieren.

Mikronährstoffe wie Vitamine werden häufig zur Stärkung des Immunsystems eingesetzt. Pflanzliche Produkte oder Hausmittel als spezielle Immunbehandlungen und Ergänzungsmittel für das Immunsystem und die Darmflora erfreuen sich immer größerer Beliebtheit. Mit diesen nun nachfolgenden Tipps und Tricks können Sie Ihr Immunsystem anregen und stärken.

Das Mittel Nummer 1: Die gesunde Ernährung

Wie stark Ihr Immunsystem ist und wie effizient es arbeitet, ist in erster Linie eine Frage der richtigen Ernährung. Der erste Tipp für ein gesundes Immunsystem lautet daher: Achten Sie auf eine möglichst ausgewogene Ernährung. Hier spielt vor allem die Saison der verschiedenen Lebensmittel eine Rolle. Essen Sie beispielsweise Spargel im Frühling, greifen Sie viel zu Erdbeeren im Sommer. Im Herbst haben Äpfel ihre Saison und der Winter gehört vor allem den verschiedenen Kohlsorten, aber auch den Orangen, Blutorangen sowie Mandarinen. Essen Sie also möglichst saisonal und gestalten Sie Ihren Teller vor allem „bunt".

Die natürlichen Lebensmittel, zu denen Gemüse, Obst, Nüsse und Samen gehören, sollten möglichst auch natürlich verzehrt werden. Garen Sie Ihr Gemüse mit Wasserdampf, bleiben die darin enthaltenen Mikronährstoffe bestehen, während eine zu starke Verarbeitung diese zerstören. Achten Sie beim Kauf auch unbedingt auf regionale Nahrungsmittel. Was Fertiggerichte und Süßigkeiten angeht, so enthalten diese oft zu viele Kalorien, Zucker oder gesättigte Fettsäuren, die den Stoffwechsel belasten und somit das Immunsystem beeinträchtigen. Die Lieblingsspeisen Ihres Immunsystems sind frisch, minimal verarbeitet oder sorgfältig zubereitet.

Die DGE (Deutsche Gesellschaft für Ernährung) empfiehlt, täglich 5 Portionen frisches Obst und Gemüse zu sich zu nehmen, um einem Mangel an essentiellen Mikronährstoffen vorzubeugen.

Definition: Mikronährstoffe
Mikronährstoffe sind Nährstoffe, die der Körper in geringen Mengen benötigt, um gesund zu bleiben und richtig zu funktionieren. Dazu gehören Vitamine, Mineralstoffe, Spurenelemente und sekundäre Pflanzenstoffe. Diese Nährstoffe spielen eine wichtige Rolle bei verschiedenen Stoffwechselprozessen im Körper und sind für die Erhaltung von Gesundheit und Wohlbefinden unerlässlich. Sie sind in vielen Lebensmitteln enthalten und können auch als Nahrungsergänzungsmittel eingenommen werden.

Besonders nützlich sind zum Beispiel Beeren und alle Kohlsorten. Zu einer abwechslungsreichen Ernährung zur Stärkung des Immunsystems gehören auch Hülsenfrüchte wie Bohnen und Linsen. Sie sind kalorienarm, reich an Nährstoffen und eine gute Quelle für tägliche Proteine und Ballaststoffe. Ballaststoffe wirken sich positiv auf das Darmmikrobiom aus, das Bakterien enthält, die die Abwehrmechanismen des Körpers unterstützen.

Weiterhin sollten Sie ausreichend präbiotische Lebensmittel wie Artischocken, Chicorée oder Schwarzwurzeln zu sich nehmen, um Ihre Darmflora mit Nährstoffen zu versorgen. Ein gutes Hausmittel sind außerdem Flohsamenschalen, die dabei helfen, den Stuhlgang zu regulieren. Rühren Sie dafür einen gehäuften Teelöffel Flohsamenschalen in ein Glas Wasser, lassen Sie es 1 bis 2 Minuten stehen und trinken Sie es anschließend.

Die richtigen Vitamine und Mineralien

Für alle Systeme, wie das Immunsystem, das Herz-Kreislauf-, Nerven-, Verdauungs- und Fortpflanzungssystem, ist eine ausreichende Aufnahme von Vitaminen und Mineralstoffen immens wichtig. Die dafür benötigten Vitamine und Mineralstoffe müssen überwiegend von außen zugeführt werden. Die folgenden 4 Vitamine und Mineralstoffe sind besonders wichtig für das Immunsystem:

Vitamin C

Wenn es um die Stärkung des Immunsystems geht, denken viele zuerst an Vitamin C, auch Ascorbinsäure genannt. Vitamin C fördert ein starkes Immunsystem und gilt als Geheimwaffe gegen Erkältungen. Die C-Vitamine schützen die Zellen vor freien Radikalen und halten das Gleichgewicht zwischen Oxidationsmitteln und Antioxidantien in unserem Körper aufrecht. Weitere Bestandteile, wie Mineralien und Spurenelemente, machen das Vitamin ideal zur Stärkung des Immunsystems und der Abwehrkräfte.

Lebensmittel mit Vitamin C

- Zitrusfrüchte: Orangen, Zitronen, Limetten und Grapefruit sind reich an Vitamin C.
- Paprika: Vor allem rote und grüne Paprika enthalten große Mengen an Vitamin C.
- Erdbeeren: Diese Beeren sind auch eine gute Quelle für Vitamin C.
- Kiwi: Kiwi enthält viel Vitamin C.
- Brokkoli: Dieses Gemüse ist reich an Vitamin C.
- Kohl: Sowohl Weißkohl als auch Rosenkohl enthalten erhebliche Mengen an Vitamin C.

Ritual am Morgen

½ ausgepresste Zitrone
½ Glas Wasser
eine Prise Cayennepfeffer
einen Teelöffel Honig

Erwärmen Sie das Wasser auf 40 Grad Celsius und pressen Sie die Zitrone aus. Geben Sie alle Zutaten in Ihr Glas und trinken Sie Ihr Vitamin-C-Morgen-Ritual in kleinen Schlucken.

Vitamin D

Dieses Vitamin wird oft als Sonnenvitamin bezeichnet und ist ein echtes Multivitamin, das an vielen Stoffwechselprozessen beteiligt ist, darunter in den Muskeln, Knochen und natürlich im Immunsystem. Es ist mittlerweile allgemein anerkannt, dass eine Vitamin-D-Supplementierung vermehrt im Winter wichtig ist. Im Sommer reicht es schon, 10 bis 15 Minuten ohne Sonnenbrille mit geschlossenen Augen in der Sonne zu sitzen.

Lebensmittel mit Vitamin D

- Fettiger Fisch: Lachs, Makrele, Thunfisch und Hering sind gute Vitamin-D-Quellen.
- Eigelb: Auch Eigelb enthält Vitamin D, allerdings in geringeren Mengen.
- Lebertran: Dieses Nahrungsergänzungsmittel wird aus Fischleber gewonnen.
- Angereicherte Lebensmittel: Einige Lebensmittel wie Milch, Fruchtsäfte und Getreideprodukte sind mit Vitamin D angereichert.

Zink

Wenn wir die verschiedenen Zwecke von Zink im Körper berücksichtigen, müssen wir der täglichen Essensplanung mehr Aufmerksamkeit schenken. Manche Menschen nutzen es zur Haut-, Haar- und Nagelpflege, andere aus Gründen der Fruchtbarkeit. Eine seiner Funktionen besteht darin, zum reibungslosen Funktionieren unseres Immunsystems beizutragen.

Lebensmittel mit Zink

- Meeresfrüchte: Austern sind besonders reich an Zink. Andere Arten von Meeresfrüchten wie Krabben, Hummer und Muscheln enthalten ebenfalls einen hohen Zinkgehalt.
- Fleisch: Rotes Fleisch wie Rind und Lamm sowie Geflügel wie Huhn und Pute enthalten Zink.
- Hülsenfrüchte: Kichererbsen, Linsen, Bohnen und Erbsen enthalten ebenfalls erhebliche Mengen Zink.
- Nüsse: Kürbiskerne, Pinienkerne, Cashewnüsse und Hanfsamen gelten als Zink-Lieferanten.
- Milchprodukte: Käse, Joghurt und Milch liefern Zink.

Selen

Selen ist ein äußerst interessanter Mikronährstoff, den es sich lohnt, genauer unter die Lupe zu nehmen. Wer seiner Schilddrüse nicht besonders viel Aufmerksamkeit schenkt, wird selten mit Selen in Berührung kommen, obwohl es wichtige Funktionen wie den Schutz der Zellen vor oxidativem Stress erfüllt.

Lebensmittel mit Selen

- Paranüsse: Diese Nüsse sind besonders reich an Selen. Eine Paranuss kann Ihren täglichen Selenbedarf decken.
- Fisch und Meeresfrüchte: Thunfisch, Lachs, Garnelen und Muscheln sind gute Selenquellen.
- Fleisch: Insbesondere Leber und Nieren enthalten große Mengen Selen.
- Eier: Eigelb ist eine weitere Selenquelle.
- Getreideprodukte: Vollkornprodukte wie Haferflocken, Weizenkeime und brauner Reis liefern ebenfalls Selen.

Weitere Spurenelemente, die zu einer normalen Funktion des Immunsystems beitragen, sind

- Vitamin A,
- Vitamin B, B6, B12,
- Folsäure (Folat),

und außerdem Spurenelemente wie Eisen und Kupfer.

Lebensmittel mit Vitamin A	• Leber: Vor allem Rinderleber ist eine hervorragende Quelle für Vitamin A. • Fisch: Auch Lachs, Makrele und Thunfisch enthalten große Mengen an Vitamin A. • Milchprodukte: Milch, Käse und Joghurt, insbesondere in Form von Retinol, liefern Vitamin A. • Eigelb: Eigelb enthält auch Vitamin A, hauptsächlich in Form von Retinol. • Dunkelgrünes Blattgemüse: Spinat, Grünkohl und Mangold sind reich an Beta-Carotin, einer Vorstufe von Vitamin A. • Orangefarbenes und gelbes Gemüse: Karotten, Süßkartoffeln und Kürbisse sind ebenfalls gute Vitamin-A-Lieferanten.
Lebensmittel mit Vitamin B6	• Hühnchen und Putenfleisch • Fisch (wie Lachs und Thunfisch) • Leber • Kartoffeln • Bananen • Sonnenblumenkerne • Haferflocken • Kichererbsen
Lebensmittel mit Vitamin B12	• Fleisch: vor allem Rindfleisch und Leber • Fisch: Lachs, Makrele und Forelle • Meeresfrüchte: Muscheln, Krabben und Austern • Milchprodukte: Milch, Käse und Joghurt mit Vitamin B12 • Ei: vor allem Eigelb
Lebensmittel mit Folsäure	• Grünes Blattgemüse: Spinat, Grünkohl, Rucola und Radieschen • Hülsenfrüchte: Auch Kichererbsen, Linsen und Bohnen sind reich an Folsäure. • Avocado: Avocado ist eine reichhaltige Folsäurequelle. • Brokkoli: Dieses Gemüse enthält auch eine erhebliche Menge an Folsäure. • Zitrusfrüchte: Orangen und Grapefruits

	• Leber: Rinderleber ist eine der besten tierischen Quellen für Folsäure.
Lebensmittel mit Eisen	• Rotes Fleisch: Besonders reich an Eisen sind Rind- und Lammfleisch. • Innereien: Leber ist eine ausgezeichnete Eisenquelle. • Geflügel: Huhn und Pute • Fisch und Meeresfrüchte: Thunfisch, Makrele, Muscheln und Austern • Hülsenfrüchte: Auch Linsen, Kichererbsen und Bohnen enthalten viel Eisen. • Samen: Kürbiskerne, Sonnenblumenkerne und Pinienkerne sind reich an Eisen. • Vollkornprodukte: Haferflocken, Quinoa, Hirse und Vollkornbrot
Lebensmittel mit Kupfer	• Innereien: Leber ist eine ausgezeichnete Kupferquelle. • Nüsse und Samen: Cashewnüsse, Sonnenblumenkerne, Sesamsamen und Kürbiskerne • Hülsenfrüchte: Linsen, Kichererbsen und Bohnen • Vollkorn: Auch Vollkornprodukte wie Haferflocken, Weizenkeime und Vollkornbrot enthalten Kupfer. • Schokolade: Kakao und dunkle Schokolade • Meeresfrüchte: Austern, Hummer und Muscheln

Superfoods und ihre Power

Superfoods sind nicht nur exotische Früchte wie Acai-Beeren oder Goji-Beeren. Superfoods wie Grünkohl, Brokkoli, Blaubeeren und Holunderbeeren wachsen vor allen Dingen hier bei uns. Sie sind einfach deshalb gut, weil sie uns mit großen Mengen an Spurenelementen versorgen und ernährungsphysiologisch wichtige sekundäre Pflanzenstoffe enthalten.

Tolle Superfoods sind:

• **Aroniabeere:** Eine kleine, in Nordamerika beheimatete Beere, die aufgrund ihrer einzigartigen Bestandteile mit immunmodulatorischen, antioxidativen und gefäßschützenden Eigenschaften zunehmend Gegenstand der Ernährungsforschung ist, ist die Aroniabeere, aufgrund Ihrer Anthocyane.

- **Cranberrys:** Cranberrys gelten in Deutschland als eines der Superfoods für Frauen, da die Forschung sich vor allem auf seine Fähigkeit, Blasenentzündungen vorzubeugen, konzentrierte. Sie sind eine hervorragende Quelle für Spurenelemente und andere vitale Stoffe.

- **Acerola:** Acerola ist ein absolutes Superfood für das Immunsystem, da es reich an Vitamin C ist. Alleine 100 g Acerola enthalten sagenhafte 1.700 mg Vitamin C. Die empfohlene Tagesdosis beträgt für erwachsene Frauen 95 mg, für Männer 110 mg und für stillende Frauen sogar 125 mg. Frische Früchte eignen sich aufgrund ihres Geschmacks weniger für den direkten Verzehr und sind auch nicht ohne weiteres erhältlich. Doch als Saft oder Pulver ist Acerola meist in Reformhäusern erhältlich und eignet sich sehr gut für den Smoothie.

Frische Luft und die Sonne

Es ist kalt und es gibt auch noch wenig Tageslicht. Das sind jene Tage, an denen wir uns am liebsten drinnen aufhalten. Doch gerade in geschlossenen Räumen nimmt die Krankheitserregerdichte zu, was es ihnen erleichtert, uns anzugreifen. Vor allem Erkältungsviren, die über die Atemluft übertragen werden, können in der Luft schweben und sich im Raum verteilen. Es besteht dadurch ein hohes Risiko, infektiöse Aerosole einzuatmen, auch wenn ein angemessener Abstand zur erkrankten Person eingehalten wird.

Um die Abwehrkräfte des Körpers zu erhalten und das Infektionsrisiko zu verringern, müssen alle Räume in der Wohnung regelmäßig und intensiv gelüftet werden – Schlafzimmer, Wohnzimmer, Küche, Badezimmer, aber auch Ihr Büro. Öffnen Sie daher Ihre Fenster mindestens drei- bis viermal am Tag. Es reichen bereits 5 Minuten, denn Stoßlüften ist wesentlich effektiver als ständig geöffnete Fenster. Doch genauso wie frische Luft in Ihr Zuhause gehört, gehört auch Ihr Körper raus in diese. UV-Strahlen regen die Vitamin-D-Produktion in der Haut an und Ihr Immunsystem benötigt Vitamin D, um richtig zu funktionieren. Wer sich zu wenig in der Sonne aufhält und keine Vitamin-D-Präparate einnimmt, riskiert einen Vitamin-D-Mangel, wie Sie bereits erfahren haben. Dieser kann sich nicht nur negativ auf das Immunsystem, sondern auch auf viele Muskelsysteme, den Körper und andere Stoffwechselprozesse auswirken. Denken Sie also immer daran, dass die Sonneneinstrahlung im Winter nicht ausreicht, um genug Vitamin D zu produzieren, selbst wenn Sie regelmäßig der Sonne ausgesetzt sind. Ein weiterer positiver Effekt, im Freien zu sein, ist, dass Sie sich mehr bewegen. Bewegung und Aktivität wirken sich sehr positiv auf das Immunsystem aus.

Weitere wichtige Tipps sind:

- ausreichend Bewegung und Sport
- gesunder sowie erholsamer Schlaf
- eine Flüssigkeitszufuhr von mindestens 1,5 Litern Wasser pro Tag
- Stressreduktion
- Verzicht auf Nikotin

Inspiration für einen Tagesablauf

Morgens auf nüchternen Magen:
Eine heiße Zitrone mit Honig und Cayennepfeffer. Trinken Sie 15 Minuten später ein großes Glas Wasser.

Frühstück:
Wildkräutersmoothie

Zutaten:
1 Handvoll Wildkräuter (Sauerampfer, Wegerich, Brennnessel, Feldsalat, Erdbeerblätter)
1 Birne
1 Mango
200 ml Apfelsaft
½ Teelöffel Spirulinapulver

Zubereitung:
1. Die Wildkräuter waschen.
2. Birne entkernen, Mango schälen und Fruchtfleisch vom Stein schneiden. Beides klein würfeln.
3. Alle Zutaten in einen Mixer geben und cremig pürieren.

Trinken Sie danach ein großes Glas Wasser.

Mittagessen:
Quinoa-Salat

Zutaten:
100 g Quinoa
200 ml Wasser
½ rote Paprika
1 kleine Karotte
1 kleine Salatgurke
1 Frühlingszwiebel
15 g frischer Koriander
Saft einer Limette
1 ½ Esslöffel Fischsoße

2 ½ Esslöffel Olivenöl
½ Esslöffel Honig
1 Prise Salz
1 fein geschnittene Chilischote

Zubereitung:
1. Quinoa in einem Sieb waschen und abtropfen. Mit 200 ml Wasser in einem Topf zum Kochen bringen und bei geringer Hitze quellen lassen, bis die Flüssigkeit aufgesaugt wurde.
2. Dressing aus Limettensaft, Fischsoße, Honig, Salz, Chilischote und dem Olivenöl herstellen.
3. Salatgurke und Karotte schälen und mit der Paprika fein würfeln.
4. Frühlingszwiebel in Ringe schneiden und Koriander hacken.
5. Quinoa, Gurke, Karotte, Paprika und Dressing vermischen und mit Frühlingszwiebel und Koriander garnieren.

Trinken Sie nach dem Mittagessen ein großes Glas Wasser.

Snack:
Eine Handvoll Nüsse und wahlweise einen Apfel. Trinken Sie danach ein großes Glas Wasser.

Abendessen:
Zucchininudeln mit Garnelen

Zutaten:
2 Esslöffel Pinienkerne
4 Zucchini
1 bis 2 Knoblauchzehen
Ein Spritzer Zitronensaft
75 g Kirschtomaten
3 Esslöffel Olivenöl
100 g Garnelen
Salz und Pfeffer

Zubereitung:
1. Die Pinienkerne in einer Pfanne ohne Fett rösten, bis diese leicht braun sind.
2. Die Zucchini waschen und mit einem Spiralschneider zu Spaghetti schneiden.
3. Knoblauch schälen und in dünne Streifen schneiden.
4. Die Schale der Zitrone abreiben und den Saft auspressen.
5. Die Tomaten waschen und halbieren.
6. Das Öl in einer Pfanne erhitzen und den Knoblauch darin dünsten.

7. Die Garnelen hinzugeben und kurz mitbraten. Sobald die Garnelen rosa sind, die Zucchininudeln zufügen und weitere 3 bis 5 Minuten dünsten.
8. Zitronenschale und Saft zusammen mit den Tomaten untermengen und mit Salz und Pfeffer abschmecken.
9. Mit den Pinienkernen bestreuen und servieren.

Trinken Sie nach dem Abendessen ein großes Glas Wasser.

Bewegen Sie Ihren Körper 30 Minuten an der frischen Luft.
Praktizieren Sie 10 Minuten Entspannungszeit mithilfe der Progressiven Muskelentspannung und machen Sie sich dazu eine Duftlampe mit Ihrem Lieblingsöl an.

Ätherische Öle zur Linderung von Muskel- und Gelenkschmerzen

Muskel- und Gelenkschmerzen sind ein häufiges Problem, mit dem viele Menschen konfrontiert sind. Diese Schmerzen können aus vielen Gründen auftreten, darunter Verletzungen, Überbeanspruchung, Entzündungen, Arthritis und andere Erkrankungen. Muskel- und Gelenkschmerzen können akut oder chronisch sein und die Lebensqualität des Betroffenen erheblich beeinflussen. Akute Schmerzen treten meist plötzlich auf, beispielsweise nach einer Verletzung oder Überanstrengung, während chronische Schmerzen über eine längere Zeitspanne existieren und häufig mit einer versteckten Krankheit wie Arthritis verbunden sind.

Die Entstehung von Muskel- und Gelenkschmerzen kann durch viele verschiedene Faktoren verursacht werden. Eine häufige Ursache ist eine übermäßige Belastung der Muskeln oder Gelenke durch körperliche Aktivität, insbesondere bei unüblichen Bewegungen oder intensivem Training. Dies kann zu kleinen Rissen in den Muskelfasern führen, die Schmerzen verursachen. Weiterhin spielen Entzündungen eine wichtige Rolle. Bei einer Entzündungsreaktion im Körper werden Botenstoffe ausgeschüttet, die Schmerzsignale an das Gehirn senden und so wahrnehmbare Schmerzen verursachen. Verletzungen, Infektionen oder Autoimmunerkrankungen wie rheumatoide Arthritis sind oftmals Auslöser solcher Entzündungen. Arthrose ist eine weitere häufige Ursache für Gelenkschmerzen. Diese degenerative Erkrankung schädigt den Knorpel in den Gelenken und führt zu Schmerzen, Steifheit und Bewegungseinschränkungen. Auch psychische Faktoren wie Stress, Ängste und Depressionen können sich verschlimmern oder Muskel- und Gelenkschmerzen verursachen. Der Zusammenhang zwischen psychischen und physischen Erkrankungen ist gut dokumentiert und wird oft als „psychologische" Interaktion bezeichnet.

Um Muskel- und Gelenkschmerzen zu lindern, ist es wichtig, die Ursache zu ermitteln und eine geeignete Behandlung durchzuführen. Dies kann eine Kombination aus Ruhe, Physiotherapie, Schmerzmitteln und entzündungshemmenden Medikamenten umfassen. Regelmäßige Bewegung und Muskelstärkung können helfen, Muskel- und Gelenkschmerzen vorzubeugen. Eine gesunde Ernährung, die ausreichende Mengen an Nährstoffen wie Omega-3-Fettsäuren enthält, empfiehlt sich ebenfalls, um Entzündungen im Körper zu reduzieren. Insgesamt ist es wichtig, Muskel- und Gelenkschmerzen ernst zu nehmen und nicht zu ignorieren. Durch gezielte Behandlung und Vorbeugung können viele Symptome gelindert und die Lebensqualität verbessert werden. An dieser Stelle kehren wir natürlich zu den ätherischen Ölen zurück, da diese häufig als Ergänzung bei Arthritis eingesetzt werden. Es gibt Öle, denen entzündungshemmende Eigenschaften nachgesagt werden. Sie gelten als sehr wirksam bei Muskel- und Gelenkschmerzen.

Ingweröl zur Linderung von Muskelschmerzen und Entzündungen

Ingweröl wird schon seit längerem in der traditionellen Medizin zur Linderung von Muskel- und Gelenkschmerzen eingesetzt. Es wird aus der Ingwerwurzel gewonnen, die reich an entzündungshemmenden Verbindungen wie Gingerolen und Shogaolen ist. Diese natürlichen Inhaltsstoffe machen Ingweröl zu einem beliebten Mittel zur Schmerzlinderung und Entzündungshemmung. Die Anwendung von Ingweröl bei Muskel- und Gelenkschmerzen erfolgt in der Regel durch äußerliche Anwendung. Das Öl kann auf die betroffenen Stellen aufgetragen und sanft einmassiert werden, um eine schnelle Linderung zu erzielen. Die Wärme, die beim Einreiben des Öls entsteht, kann dazu beitragen, die Durchblutung zu fördern und die Muskeln zu entspannen, was wiederum Schmerzen lindert. Einige Studien haben gezeigt, dass Ingweröl eine entzündungshemmende Wirkung hat und somit bei der Behandlung von Gelenkentzündungen wie Arthritis hilft. Die entzündungshemmenden Eigenschaften des Ingwers reduzieren Schwellungen und verbessern die Beweglichkeit der Gelenke. Auch bei der Behandlung von Muskelkater nach intensivem Training oder körperlicher Aktivität ist Ingweröl hilfreich. Durch die Anregung der Durchblutung und die Entspannung der Muskeln lindert das Öl Schmerzen und verkürzt die Erholungszeit. Das ätherische Öl darf jedoch nicht auf offene Wunden oder gereizte Hautstellen aufgetragen werden.

Ingweröl (Zingiber officinale)

Ingwer kommt aus der Familie der Ingwergewächse und der Duft ist würzig, frisch und zitrusartig. Hergestellt wird das Ingweröl durch Wasserdampfdestillation und die Inhaltsstoffe sind

- Monoterpene,
- Monoterpenole,
- Sesquiterpene und
- Sesquiterpenole.

Wirkung:

- beruhigt die Haut
- entkrampfend
- wärmend
- stabilisierend
- aphrodisierend
- lindert Muskelschmerzen
- hemmt Entzündungen
- kräftigt die Seele

Anwendung:

- Magen-Darm-Beschwerden
- Mund- und Zahnfleischbeschwerden
- Muskel- und Gelenkbeschwerden
- Übelkeit
- Reiseübelkeit
- Schwangerschaftsübelkeit

Rezepte mit Ingweröl

Ingwer-Ölkompresse

1 Esslöffel Pflanzenöl
3 Tropfen Ingweröl
10 x 10 cm Tuch oder Kompresse

Mischen Sie das ätherische Öl mit dem Pflanzenöl in einem Glasschälchen und verteilen Sie diese Mischung auf einem Küchentuch, Baumwolltuch oder einem anderen geeigneten Tuch. Legen Sie nun das Tuch auf die betroffene Stelle, so lange, wie es sich für Sie gut anfühlt. Unterstützend können Sie noch ein Wärmekissen verwenden.

Ingwer-Schmerzöl-Mischung

50 ml Pflanzenöl
15 bis 20 Tropfen Ingweröl

Mischen Sie das ätherische Öl mit dem Pflanzenöl in einer verschließbaren Flasche und schütteln Sie diese behutsam. Reiben Sie dann mit diesem Schmerzöl die betroffenen Stellen 1- bis 2-mal am Tag ein.

Ingwer-Sportduschgel
100 ml Pflanzenöl
10 Tropfen Ingweröl

Mischen Sie das ätherische Öl mit dem Pflanzenöl in einer verschließbaren Flasche und schütteln Sie diese behutsam. Duschen Sie täglich mit diesem Duschgel und reiben Sie sich überall und langsam damit ein. Haltbar ist dieses etwa 3 Monate.

Pfefferminzöl zur Reduzierung von Spannungsgefühlen in den Muskeln

Wenn es darum geht, Muskelverspannungen zu reduzieren, gilt Pfefferminzöl seit langem als natürliche Lösung. Die kühlende Wirkung von Pfefferminzöl verbessert die Durchblutung und entspannt die Muskeln, was ganz besonders hilfreich ist, um Muskelverspannungen zu lindern, die häufig durch Stress, Überanstrengung oder schlechte Körperhaltung verursacht werden. Das Auftragen von Pfefferminzöl auf die betroffene Stelle führt in den meisten Fällen zu einer sofortigen Schmerzlinderung. Durch sanfte Einreibung in die Haut wird seine kühlende und muskelentspannende Wirkung verstärkt. Die Massage kann auch dazu beitragen, die Durchblutung zu verbessern, Giftstoffe aus den Muskeln zu entfernen und so die Entspannung zu fördern. Weiterhin besitzt auch das Pfefferminzöl entzündungshemmende Eigenschaften, die Muskelschmerzen und Entzündungen lindern. Dies ist besonders hilfreich bei Muskelzerrungen, verursacht durch Entzündungen, beispielsweise durch Sportverletzungen oder Arthritis. Verschiedene Untersuchungen haben gezeigt, dass die topische Anwendung von Pfefferminzöl bei der Behandlung von Muskelverspannungen sehr wirksam ist.

Rezepte mit Pfefferminzöl

Kühlende Pfefferminzöl-Kompressen:
10 Tropfen Pfefferminzöl
sauberes Tuch oder Kompresse

Füllen Sie eine Schüssel mit kaltem Wasser und fügen Sie das Pfefferminzöl hinzu. Tauchen Sie dann ein sauberes Tuch in die Mischung und wringen Sie es aus. Legen Sie anschließend das kühle Tuch auf die schmerzenden Muskeln und lassen Sie es für 15 bis 20 Minuten einwirken. Wiederholen Sie dies mehrmals am Tag, um die Muskeln zu kühlen und Schmerzen zu lindern.

Pfefferminz-Massageöl
¼ Tasse Jojobaöl
10 Tropfen Pfefferminzöl

Mischen Sie das ätherische Öl mit dem Jojobaöl in einer verschließbaren Flasche und schütteln Sie diese behutsam. Massieren Sie das Öl sanft in die schmerzenden Muskeln ein, bis es vollständig eingezogen ist, und wiederholen Sie dies zweimal täglich für eine spürbare Linderung von Muskelbeschwerden.

Pfefferminz-Entspannungs-Bad
50 Gramm Salz (Meersalz)
1 Esslöffel Kokosöl
15 Tropfen Pfefferminzöl

Geben Sie das Salz, das Kokosöl und das ätherische Öl in das einlaufende Badewasser und baden Sie anschließend für 20 Minuten darin. Wenn Sie möchten, können Sie nach dem Bad für einen doppelten Effekt Ihre Muskeln noch mit dem Pfefferminz-Massageöl einreiben.

Eukalyptusöl zur Schmerzlinderung und Entzündungshemmung

Weiterhin hat das Eukalyptusöl als natürliches Mittel bei Muskel- und Gelenkschmerzen seinen Platz verdient. Wenn es um Schmerzlinderung und entzündungshemmende Wirkung in Gelenken und Muskeln geht, gilt Eukalyptusöl seit langem als tolles Mittel zur Linderung von solchen Beschwerden. Äußerlich auf die betroffenen Stellen aufgetragen, minimiert Eukalyptusöl zügig die Schmerzen und verbessert durch seine kühlende Wirkung die Durchblutung und entspannt die Muskeln. Wie zuvor schon erwähnt, enthält Eukalyptusöl Verbindungen wie Eukalyptol, das entzündungshemmende Eigenschaften hat. Diese tragen dazu bei, Schwellungen zu reduzieren und die Beweglichkeit der Gelenke zu verbessern. Auch nach sportlicher Betätigung oder intensiver körperlicher Aktivität behandelt Eukalyptusöl Muskelschmerzen sehr wirksam. Durch die Anregung der Durchblutung und die Entspannung der Muskeln hilft das Öl, Schmerzen zu lindern und die Erholungszeit zu verkürzen.

Rezepte mit Eukalyptusöl

Eukalyptus-Schmerzöl
50 ml Jojobaöl
3 Tropfen Eukalyptusöl
2 Tropfen Cajeput

Mischen Sie beide ätherischen Öle mit dem Jojobaöl in einer verschließbaren Flasche und schütteln Sie diese behutsam. Reiben Sie dann mit diesem Schmerzöl die betroffenen Stellen 1- bis 2-mal am Tag ein.

Eukalyptus-Schmerzsalbe
¼ Tasse Bienenwachs
½ Tasse Kokosöl
20 Tropfen Eukalyptusöl

Schmelzen Sie das Bienenwachs im Wasserbad, geben Sie dann das Kokosöl hinzu. Sobald alles flüssig ist, lassen Sie die Mischung ein wenig abkühlen und geben dann das ätherische Öl hinzu. Gießen Sie alles in einen verschließbaren Behälter und lassen Sie die Salbe aushärten. Tragen Sie die Salbe bei Bedarf auf Ihre schmerzenden Bereiche ein- bis zweimal am Tag auf. Die Schmerzsalbe ist etwa 4 Monate haltbar.

Eukalyptus-Bad „Schmerzfrei"
10 Tropfen Eukalyptusöl
5 Tropfen Ingweröl
50 g Salz (Meersalz)

Mischen Sie die ätherischen Öle mit dem Salz und geben Sie dies in das einlaufende Badewasser. Baden Sie etwa 20 bis 30 Minuten. Wickeln Sie sich anschließend in Ihren Bademantel und legen Sie sich zugedeckt etwa 20 Minuten auf die Couch oder in Ihr Bett, um die Wirkung noch einmal zu verstärken.

Weiterhin eignet sich auch Kampferöl gegen Muskelkater. Seine Inhaltsstoffe wirken kühlend, durchblutungsfördernd und entspannend, was eine sehr gute Wirkung auf verspannte Muskeln hat. Beim Auftragen von Kampferöl entsteht zunächst eine angenehm kühlende Wirkung. Nach einiger Zeit wärmt sich die Stelle und die Durchblutung verbessert sich, wodurch der Schmerz erträglicher wird.

Anwendung:
60 ml Olivenöl
20 Tropfen Kampferöl

Geben Sie das Olivenöl in eine Flasche und träufeln Sie das ätherische Öl hinein. Verschließen Sie die Flasche und schütteln Sie einmal. Bei akutem Muskelkater reiben Sie mit dieser Lotion Ihre betroffenen Stellen dreimal am Tag ein. Möchten Sie eine Kompresse anlegen, um Ihre Muskeln zu lockern, mischen Sie dafür 70 ml Ethanol mit 10 ml destilliertem Wasser und 10 Tropfen Kampferöl. Legen Sie die Kompresse auf Ihre schmerzenden Muskeln und lassen Sie diese etwa 15 Minuten einwirken.

Atemwegserkrankungen und Erkältungen mit ätherischen Ölen behandeln

Atemwegserkrankungen und Erkältungen gehören zu den häufigsten Gesundheitsproblemen, mit denen Menschen weltweit konfrontiert sind. Sie können von milden Symptomen wie Husten, Schnupfen und Halsschmerzen bis hin zu schwerwiegenden Komplikationen wie Lungenentzündung und Atemnot reichen. Atemwegserkrankungen werden meist durch Viren, Bakterien, Allergene oder Umweltverschmutzung verursacht und betreffen sowohl die oberen als auch die unteren Atemwege.

Erkältungen sind eine der häufigsten Formen von Atemwegserkrankungen und werden in der Regel durch Viren verursacht. Die Symptome einer Erkältung können

- Husten,
- Schnupfen,
- Halsschmerzen,
- Kopfschmerzen,
- Müdigkeit und
- leichtes Fieber

umfassen. Obwohl Erkältungen in der Regel selbstlimitierend sind und innerhalb von einigen Tagen bis einer Woche abklingen, können sie dennoch unangenehm sein und das tägliche Leben beeinträchtigen.

Eine weitere häufige Atemwegserkrankung ist die Grippe, die durch das Influenzavirus verursacht wird. Die Grippe weist ähnliche Symptome wie eine Erkältung auf, ist jedoch in der Regel schwerwiegender und kann zu schwerwiegenden Komplikationen führen, insbesondere bei älteren Menschen, Kindern und Personen mit geschwächtem Immunsystem. Andere Atemwegserkrankungen umfassen

- Asthma,
- chronisch obstruktive Lungenerkrankung (COPD),
- Bronchitis und
- Lungenentzündung.

Diese Erkrankungen können zu anhaltenden Atembeschwerden, Husten, Kurzatmigkeit und anderen Symptomen führen und erfordern oft eine langfristige Behandlung. Die Behandlung von Atemwegserkrankungen hängt von der Ursache und Schwere der Erkrankung ab. Bei viralen Infektionen wie Erkältungen ist in der Regel keine spezifische medizinische Behandlung erforderlich, sondern Ruhe, Flüssigkeitszufuhr und symptomatische Linderung. Bei bakteriellen Infektionen sind in einigen Fällen Antibiotika erforderlich, während bei chronischen Atemwegserkrankungen wie Asthma oder COPD eine langfristige medikamentöse Behandlung erforderlich ist. Die Prävention von Atemwegserkrankungen und Erkältungen umfasst einige Maßnahmen, wie regelmäßiges Händewaschen, das Umgehen von engem Kontakt mit kranken Personen, Vermeidung von Nikotin und vor allem auch die Stärkung des Immunsystems.

Um Atembeschwerden und Erkältungen zu lindern, eignen sich auch ätherische Öle hervorragend. Sie wirken dabei auf vielfältige Weise, beispielsweise in einem Diffusor oder einer Duftlampe, verdünnt mit einem Trägeröl zur topischen Anwendung oder als Zugabe zu einem Bad. Manche Menschen verspüren auch Linderung, indem sie verdünnte ätherische Öle direkt aus einer Tasse heißem Wasser inhalieren oder auf ein Taschentuch auftragen. In diesem Kapitel erhalten Sie jede Menge Rezepte, womit sich Ihre Atemwegsbeschwerden und Erkältungen lindern lassen.

Eukalyptusöl zur Atmungserleichterung und Schleimlösung

Auch in dieser Hinsicht ist das Eukalyptusöl das Mittel der Wahl, wenn es darum geht, die Atmung zu erleichtern und den festsitzenden Schleim zu lösen. Sie merken, Eukalyptusöl ist ein echter Allrounder und sollte in keiner Hausapotheke fehlen. Eukalyptusöl hilft, eine verstopfte Nase wieder zu befreien und das Atmen zu erleichtern, indem es den Schleim verdünnt und die Atemwege öffnet. Dies kann besonders bei Erkältungen, Grippe, Nasennebenhöhlenentzündungen und anderen Atemwegserkrankungen hilfreich sein. Vor allem das Einatmen von Eukalyptusöldampf befreit eine verstopfte Nase und lindert Husten.

Rezepte mit Eukalyptusöl

Eukalyptus-Brustsalbe
50 ml Mandelöl
5 Tropfen Eukalyptusöl
5 Tropfen Cajeput
3 Tropfen Benzoeöl

Geben Sie die drei ätherischen Öle mit dem Mandelöl in eine Flasche und schütteln Sie sachte, um das Öl zu vermischen. Tragen Sie es dann, am besten vor dem Schlafengehen, auf Brust sowie Rücken auf und atmen Sie tief ein.

Eukalyptus-Riechsalz
1 Esslöffel Salz
20 Tropfen Eukalyptusöl

Füllen Sie das Salz in ein kleines, verschließbares Gefäß, träufeln Sie das ätherische Öl hinein und vermischen Sie es durch Schütteln. Wenn Sie merken, dass Ihre Nase zu ist, riechen Sie daran.

Wohltuendes Eukalyptus-Erkältungs-Bad
500 Gramm Meersalz
10 Tropfen Eukalyptusöl
10 Tropfen Weißtannenöl

Mischen Sie die ätherischen Öle mit dem Salz in einem verschließbaren Behälter und geben Sie pro Wanne 4 Esslöffel von diesem Erkältungs-Badesalz in das einlaufende Badewasser. Baden Sie etwa 20 Minuten und kuscheln Sie sich danach mit einem Bademantel auf die Couch zur Nachwirkung.

Teebaumöl zur Desinfektion und zur Bekämpfung von Erkältungsviren

Das Teebaumöl wurde in diesem Ratgeber ebenfalls schon mehrfach vorgestellt, was es, ähnlich wie das Eukalyptusöl, zu einem Allroundtalent macht. Dank seiner bioaktiven Verbindungen wie Terpinen-4-ol, das nachweislich antivirale Wirkungen aufweist, hemmt Teebaumöl die Vermehrung von Viren und bekämpft somit effektiv Erkältungsviren. Doch auch entzündungshemmende Eigenschaften gehören zu den Wirkungsweisen von Teebaumöl. Diese reduzieren Entzündungen besonders in den Atemwegen, die oft mit Erkältungen einhergehen.

Rezepte mit Teebaumöl

Teebaumöl-Halssalbe
50 ml Mandelöl
5 Tropfen Teebaumöl
5 Tropfen Eukaylptusöl

Geben Sie die beiden ätherischen Öle mit dem Mandelöl in eine Flasche und schütteln Sie sie vorsichtig, um das Öl zu vermischen. Tragen Sie es dann, am besten vor dem Schlafengehen, auf Ihren Hals auf.

Teebaum-Fußöl „Abwehrstark"
50 ml Johanniskrautöl
4 Tropfen Teebaumöl
4 Tropfen Ravintsaraöl
3 Tropfen Zedernöl
2 Tropfen Manukaöl

Vermischen Sie das Johanniskrautöl mit allen ätherischen Ölen in einem verschließbaren Behälter. Reiben Sie sich abends vor dem Schlafengehen Ihre Füße mit dem Öl ein.

„Ciao Herpes"-Teebaumsalbe
10 ml Jojobaöl
4 Tropfen Ravintsara
2 Tropfen Teebaumöl
2 Tropfen Ho-Blätter-Öl

Mischen Sie die ätherischen Öle mit dem Jojobaöl und tragen Sie die Mischung mithilfe eines Wattestäbchens dreimal täglich auf die betroffene Stelle auf. Wenn Sie die Wirkung verstärken möchten, können Sie auch mehrmals täglich Melissenhydrolat auf den Herpes sprühen.

Kamillenöl zur Linderung von Halsschmerzen und Hustenreiz

Aufgrund seiner beruhigenden und entzündungshemmenden Eigenschaften wird das Kamillenöl beziehungsweise die Kamille an sich sehr geschätzt. Die entzündungshemmenden Eigenschaften kommen vor allem durch die darin enthaltenen Verbindungen, insbesondere Flavonoide und Terpene. Diese bioaktiven Substanzen wirken als Antioxidantien und reduzieren Entzündungen im Körper. Flavonoide wie Apigenin haben eine entzündungshemmende Wirkung, die die Freisetzung von Entzündungsmediatoren hemmen und so dafür sorgen, dass Entzündungsherde gemindert werden. Darüber hinaus haben Terpene wie Bisabolol und Chamazulen im Kamillenöl auch entzündungshemmende Eigenschaften, was Reizungen reduziert und Schleimhäute beruhigt. Durch die Kombination dieser bioaktiven Verbindungen unterstützt Kamillenöl den Körper bei der Beseitigung von Entzündungen, was es zu einem beliebten Mittel zur Behandlung besonders von Halsschmerzen und Husten macht.

Rezepte mit Kamillenöl

Kamillenöl-Rachenspray
45 ml Teebaumhydrolat
5 ml Sanddornfruchtfleischöl
1 Messerspitze Xylit
2 Tropfen Kamillenöl

Vermischen Sie das Teebaumhydrolat mit dem Xylit und dem Kamillenöl in einer 30-ml-Sprühflasche und geben Sie dann das Sanddornfruchtfleischöl hinzu. Schütteln Sie die Flasche gut, auch vor jeder Anwendung, und besprühen Sie bei Bedarf Ihre Mundschleimhaut und den Rachen.

Kamillenöl-Gurgelsalz
100 Gramm Salz
5 Tropfen Kamillenöl

Füllen Sie das Salz in ein kleines, verschließbares Gefäß, träufeln Sie das ätherische Öl hinein und vermischen Sie es durch Schütteln. Geben Sie für eine Gurgel-Anwendung 1 Teelöffel in ein halbes Glas lauwarmes Wasser. Wiederholen Sie das Gurgeln mehrmals am Tag.

Kamillenöl-Anti-Bronchitis-Inhalation
20 Tropfen Kamillenöl
5 Tropfen Manukaöl
5 Tropfen Cajeputöl

Tropfen Sie in eine Schüssel mit heißem Wasser die ätherischen Öle hinein. Beugen Sie sich mit Ihrem Gesicht über die Schüssel und fangen Sie den aufsteigenden Dampf mit einem Handtuch über Ihrem Kopf ein. Atmen Sie etwa 10 bis 20 Minuten durch die Nase ein und wieder aus.

Natürlich hilft es nicht nur, die ätherischen Öle zur Behandlung einzusetzen, sondern auch zur Prävention. Indem Sie die Räume, in denen Sie leben, mit den ätherischen Ölen beduften, reduzieren Sie damit die Anzahl der Keime in der Luft, die Sie wiederum einatmen. Dies kann durch das Zerstäuben verschiedener ätherischer Öle sowie durch die schnelle Anwendung von Raumsprays erreicht werden. Zur Verwendung in einem Aromadiffusor oder einer Aromalampe empfiehlt sich somit folgende Duftmischung.

Rezepte zur Eliminierung von Krankheitserregern

„Bye Bye Keime"-Ölmischung

10 Tropfen Cajeputöl
5 Tropfen Lemongrasöl
20 Tropfen Orangenöl
10 Tropfen Zirbelkieferöl
20 Tropfen Zitronenöl

Mischen Sie alle aufgezählten ätherischen Öle in einem kleinen Fläschchen und schütteln Sie dieses behutsam. Geben Sie nun etwa 7 Tropfen zur Raumbeduftung in einen Diffusor oder eine Duftlampe.

Ätherische Öle in der Küche

Wenn Sie bisher dachten, dass ätherische Öle nur etwas für die Nase und den Körper sind, so dürfen Sie in diesem Kapitel davon überzeugt werden, dass diese eben nicht nur perfekt für Schönheit und Wohlbefinden sind, sondern auch eine tolle Ergänzung zu Ihren kulinarischen Abenteuern sein können. Die Verwendung ätherischer Öle in der Küche kann Ihren Gerichten eine völlig neue Dimension verleihen und diesen ein reiches Aroma und einen einzigartigen Geschmack geben. Tauchen Sie ein in die Welt der köstlichen Küche und entdecken Sie, wie ätherische Öle Ihre kulinarische Kreativität bereichern können. Von Zitrusfrüchten bis hin zu würzigen ätherischen Ölen bieten sie eine vielseitige und aufregende Möglichkeit, Ihren Lieblingsspeisen Geschmack zu verleihen und neue Geschmackserlebnisse zu schaffen. Sind Sie bereit, Ihre Sinne zu verwöhnen? Lassen Sie uns also gemeinsam die kulinarischen Möglichkeiten ätherischer Öle erkunden.

Sicherheit und richtige Anwendung von ätherischen Ölen beim Kochen

Einige ätherische Öle eignen sich hervorragend zum natürlichen Aromatisieren von Lebensmitteln. Zu diesem Zweck werden nur sehr geringe Mengen an ätherischen Ölen verwendet, da es sich, wie eingangs erwähnt, um hochkonzentrierte Pflanzenstoffe handelt. Wenn Sie einem Gericht oder Getränk zu viel hinzufügen, kann es ungenießbar werden. Um ein erfrischendes Gefühl zu erzeugen, sind nur natürliche, biologische ätherische Öle geeignet. Dabei gilt der Grundsatz: *Qualität ist wichtiger als Quantität.* Je nach Sorte reichen 1 bis 4 Tropfen ätherisches Gewürzöl in 250 bis 500 ml Flüssigkeit aus, um einen einzigartigen, interessanten Geschmack zu erzielen. Mit der integrierten Pipette lassen sie sich einfach dosieren. Das Öl sollte nicht in reiner Form verzehrt werden, sondern mit

- Butter,
- Pflanzenöl,
- Sahne,
- Sauerrahm,
- Eigelb,
- Sojasauce oder
- Zitronensaft

vermischt werden. Es reichen dafür meist 1 bis 2 Tropfen. Bei der Zubereitung von Speisen und Getränken für Säuglinge, Kleinkinder und Menschen mit einem sehr empfindlichen Verdauungstrakt sollten Sie auf zu starke Gewürze und damit auf aromatische Gerichte verzichten.

Warum es Sinn macht, ätherische Öle gegen herkömmliche Gewürze zu tauschen

Es stellt sich bei vielen Dingen zunächst unweigerlich die Frage: Warum etwas anders machen, wenn es bisher gut war? Vermutlich stellen Sie sich diese Frage in Bezug auf die ätherischen Öle ebenfalls: Warum sollte ich meine traditionellen getrockneten Gewürze durch ätherische Öle ersetzen?

Dafür gibt es einige Argumente:

- Die aromatische Kraft ätherischer Öle ist um ein Vielfaches größer. Die Gewürzqualität ist viel besser.
- Aromen dringen tief in die Nahrung ein und erleichtern so die Verdauung.
- Ätherische Öle sind sehr lange haltbar und verlieren bei richtiger Lagerung über viele Jahre hinweg nicht ihren Duft, während getrocknete Gewürze sehr schnell ihre Wirksamkeit verlieren. Besonders schnell geht es mit vorgemahlenen Gewürzen.
- Ätherische Öle sind aufgrund ihrer minimalen Dosierung und langen Haltbarkeit um ein Vielfaches günstiger als lose Gewürze.
- Ätherische Öle sparen Platz. Alle Gewürze passen auf ein kleines Regal.
- Ätherische Öle enthalten keine Pestizide, Schwermetallrückstände, andere Schadstoffe oder radioaktive Substanzen, während herkömmliche getrocknete Gewürze oft erhebliche Schadstoffe enthalten. Bei der Einfuhr werden Kräuter häufig geräuchert, um einen Schädlingsbefall zu vermeiden.
- Wie durch ein Wunder gelangen durch den Destillationsprozess keinerlei Verunreinigungen oder radioaktive Substanzen in das ätherische Öl. Diese Stoffe verbleiben im destillierten Wasser.
- Durch das Würzen mit ätherischen Ölen können Sie die Aromatherapie auf einfache und angenehme Weise praktizieren. Es ist die schönste Kombination, dass durch einfache Dinge wie Essen etwas für seine Gesundheit getan werden kann. Oregano- und Thymianöle beispielsweise, die in Pizza verwendet werden, haben auch entzündungshemmende Eigenschaften. Die im Kuchen enthaltenen Kardamom- und Ingweröle wirken verdauungsfördernd, wärmend und verhindern, dass der Fermentationsprozess fortschreitet.
- Ätherische Öle behalten Vitamine und Wirkstoffe, während getrocknete Gewürze diese sehr schnell verlieren.

Folgende ätherische Öle sind zum aromatischen Kochen geeignet:

Ätherisches Öl	Anwendungsmöglichkeit
Basilikumöl	Antipasti, Pasta, Pizza, Salate
Bergamottöl	Desserts, Getränke, Joghurt, Salate
Cardamomöl	Gebäck, Kaffee, Punsch, Tee
Grapefruitöl	Cocktails, Desserts, Getränke, Joghurt, Salate, Smoothies
Ingweröl	Currygerichte, Tee
Kakaoöl-Extrakt	Desserts, Gebäck, Honig, Kaffee, Punsch
Lavendelöl (geringe Dosis)	Cocktails, Eis, Salate
Lemongrasöl	Asiatische Speisen, Cocktails, Tee
Limettenöl	Cocktails, Desserts, Getränke, Joghurt, Salate, Smoothies
Majoranöl	Antipasti, Dips, Kartoffelgerichte
Mandarinenöl, rot	Desserts, Getränke, Joghurt, Salate
Orangenöl	Cocktails, Desserts, Getränke, Joghurt, Salate, Smoothies
Pfefferöl, grün	Fleischgerichte, Gemüse, Salate
Pfefferminzöl	Eis, Getränke, Likör, Schokolade
Rosenöl 10 %	Desserts, Getränke, Likör, orientalische Speisen, Salate
Rosmarinöl	Antipasti, Dips, Kartoffelgerichte
Thymianöl	Antipasti, Pasta, Pizza, Salate
Tonkaöl-Extrakt	Desserts, Gebäck, Honig, Kaffee, Punsch
Vanilleöl-Extrakt	Desserts, Gebäck, Honig, Kaffee, Punsch
Zimtrindenöl	Gebäck, Honig (maximal 2 Tropfen)
Zitronenöl	Cocktails, Desserts, Getränke, Joghurt, Salate, Smoothies

Wie bereits erwähnt, sollten Sie ätherische Öle in Lebensmittelqualität für Ihre Gerichte verwenden. Auf welche Qualitäten Sie achten müssen, wurde bereits beschrieben.
Durch die kluge Auswahl und Verwendung ätherischer Öle in der Küche können Sie von den gesundheitlichen Vorteilen von Kräutern und Gewürzen profitieren.

Aromatisierte Öle und Essige mit ätherischen Ölen herstellen

Die Herstellung aromatisierter Öle und Essige aus ätherischen Ölen ist eine großartige Möglichkeit, den Geschmack und die gesundheitlichen Vorteile ätherischer Öle in Ihre Küche zu integrieren. Durch die Zugabe ätherischer Öle zu Öl und Essig können Sie nicht nur den Geschmack Ihrer Speisen verbessern, sondern auch von den gesundheitlichen Vorteilen ätherischer Öle profitieren.

Es gibt unzählige Möglichkeiten, aromatische Öle und Essige herzustellen. Sie können verschiedene ätherische Öle verwenden, um unterschiedliche Geschmacksrichtungen zu kreieren, und diese dann mit verschiedenen Trägerölen oder Essigen kombinieren, um den gewünschten Geschmack zu erhalten. Für einen noch komplexeren Geschmack lassen sich auch zusätzlich wunderbar frische Kräuter, Gewürze oder Zitrusfrüchte hinzufügen. Die Herstellung aromatisierter Öle und Essige aus ätherischen Ölen erfordert jedoch einige Kenntnisse über die richtige Verwendung und Dosierung. Dieses Kapitel zeigt Ihnen, wie Sie mit ätherischen Ölen aromatisierte Öle und Essige herstellen und wie Sie ätherische Öle in Ihre Küchenöle und Essige einarbeiten können.

Egal, ob Sie ein erfahrener Koch sind oder einfach gerne neue Geschmacksrichtungen ausprobieren, die Zubereitung von aromatisierten Ölen und Essigen mit ätherischen Ölen ist eine gesunde und kreative Tätigkeit, die Ihren kulinarischen Horizont erweitert.

Rezepte für Öl und Essig

Zitronenöl-Infusion

1 Tasse kaltgepresstes Olivenöl
Schale von 2 Bio-Zitronen
10 Tropfen Zitronenöl

Schälen Sie die Bio-Zitronen vorsichtig mit einem Sparschäler, bis nur noch die gelbe Außenschicht übrig bleibt. Achten Sie darauf, die weiße Schicht darunter nicht zu entfernen, da sie Bitterstoffe enthält. Geben Sie die Zitronenschale in ein sauberes Glas, fügen Sie das native Olivenöl hinzu und anschließend 10 Tropfen Zitronenöl. Verschließen Sie das Glas gut und lassen Sie es etwa zwei Wochen lang an einem kühlen, dunklen Ort stehen. Schütteln Sie das Glas dabei gelegentlich. Nach 2 Wochen den Aufguss durch ein feines Sieb oder einen Kaffeefilter abseihen, um die Zitronenschale zu entfernen. Die Infusion in eine saubere Braunglasflasche füllen und an einem kühlen Ort aufbewahren, so ist das Öl mehrere Monate haltbar.

Dieses Zitronenöl macht sich hervorragend in Salaten und Marinaden.

Rosmarin-Essig
500 ml Weißweinessig
10 Tropfen Rosmarinöl
einige Zweige frischer Rosmarin

Waschen Sie die frischen Rosmarinzweige und tupfen Sie diese trocken. Geben Sie dann die Zweige in eine saubere Glasflasche. Gießen Sie den Weißweinessig über die Rosmarinzweige, bis sie vollständig bedeckt sind, und fügen Sie das Rosmarinöl hinzu. Verschließen Sie die Flasche gut und lassen Sie alles etwa 2 Wochen an einem kühlen, dunklen Ort stehen, dabei gelegentlich schütteln. Filtern Sie nach den 2 Wochen den Essig durch ein feines Sieb, um die Rosmarinzweige zu entfernen. Den aromatisierten Essig in eine saubere Flasche füllen und an einem kühlen Ort aufbewahren, so ist dieser mehrere Monate haltbar.

Dieses Öl wiederum ist sehr gut für Salatdressings und Saucen geeignet.

Basilikumöl
1 Tasse kaltgepresstes Olivenöl
1 Tasse frische Basilikumblätter
5 Tropfen Basilikumöl

Waschen Sie die frischen Basilikumblätter und tupfen Sie sie anschließend trocken. Geben Sie dann die Blätter in ein sauberes Glas und gießen Sie das kaltgepresste Olivenöl darüber, bis alle Basilikumblätter gleichmäßig bedeckt sind. Tropfen Sie das Basilikumöl hinein, verschließen Sie das Glas und lassen Sie es zwei Wochen an einem kühlen, dunklen Ort ziehen. Schütteln Sie in dieser Zeit das Glas ab und an. Lassen Sie nach 2 Wochen das Basilikumöl durch ein feines Sieb laufen, um die Basilikumblätter zu entfernen. Füllen Sie zum Schluss das Öl in eine saubere Braunglasflasche und lagern Sie es an einem kühlen Ort. Haltbar ist das Basilikumöl mehrere Monate.

Mit diesem Basilikumöl lassen sich leckere mediterrane Gerichte und Pesto zaubern.

Rezepte für Salatdressings

Zitronenöl
1 Esslöffel weißer Balsamico-Essig
3 Esslöffel Olivenöl
1 Esslöffel Honig
Salz und Pfeffer
3 Tropfen Zitronenöl

Vermischen Sie in einer kleinen Schüssel alle aufgelisteten Zutaten miteinander und verrühren Sie diese gut.

Orangenöl
3 Esslöffel Olivenöl
2 Esslöffel weißer Balsamico-Essig
1 Teelöffel Senf
2 Tropfen Orangenöl
Salz und Pfeffer

Vermischen Sie in einer kleinen Schüssel alle aufgelisteten Zutaten miteinander und verrühren Sie diese gut.

Rezepte für aromatisierte Getränke und Cocktails mit ätherischen Ölen

Eine Scheibe Zitrone oder Limette in ein Glas Mineralwasser ist wohl nichts Unbekanntes, denn allein eine Zitronenscheibe verleiht einem normalen, „langweiligen" Wasser einen gewissen Geschmackskick. Wären Sie aber tatsächlich selbst darauf gekommen, Ihrem Wasser ätherische Öle hinzuzugeben? Womöglich nicht, doch sie eignen sich – wohlgemerkt richtig dosiert – hervorragend, um Getränken und Cocktails das gewisse Etwas zu verleihen, mit dem Bonus, dass Körper und Geist gleichzeitig in den Genuss der vielen gesundheitlichen Vorteile kommen. Dafür gibt es sehr viele unterschiedliche und leckere Möglichkeiten, aromatische Getränke und Cocktails mit ätherischen Ölen zu kreieren, die Sie nun aufgezeigt bekommen. Was die Dosierung angeht, ist vorneweg zu erwähnen, dass maximal ein bis zwei Tropfen ätherisches Öl pro Karaffe verwendet werden sollte.

Alkoholfreie Rezepte

Minzlimonade
1 Liter Wasser
eine Handvoll frische Minzblätter
eine frisch gepresste Zitrone
1 Tropfen Minzöl

1 Tropfen Zitronenöl
optional Süßungsmittel wie Xylit oder Erythrit

Zerstoßen Sie die Minzblätter vorsichtig im Mörser, um die ätherischen Öle freizusetzen. Mischen Sie in einem großen Krug Wasser, Zitronensaft und Zucker, bis sich der Zucker auflöst. Fügen Sie dann die Minzblätter hinzu und vermischen Sie alles gut. Tropfen Sie dann das Minzöl sowie das Zitronenöl in den Krug und mischen Sie alles erneut. Lassen Sie Ihre Limonade mindestens eine Stunde im Kühlschrank, damit sich das Aroma voll entfalten kann. Entfernen Sie dann vor dem Servieren die Minzblätter und fügen Sie noch einige Eiswürfel hinzu.

Orangen-Ingwer-Wasser
1 Liter Wasser
2 Bio-Orangen
2 Tropfen Ingweröl
optional Honig oder Agavendicksaft

Mischen Sie in einer Karaffe das Wasser mit den Orangenscheiben. Fügen Sie dann das Ingweröl hinzu und vermischen Sie es gut. Wenn Sie möchten, können Sie noch mit Honig oder Agavendicksaft nachsüßen. Stellen Sie das Orangen-Ingwer-Wasser für mindestens eine Stunde in den Kühlschrank, damit es sein Aroma entfaltet. Vor dem Servieren die Orangenscheiben entfernen und mit Eiswürfeln servieren.

Zitronen-Lavendel-Eistee
1 Liter Wasser
4 Beutel Schwarztee
½ Tasse frischer Zitronensaft
¼ Tasse Honig oder Agavendicksaft
2 Tropfen Lavendelöl

Kochen Sie im ersten Schritt das Wasser auf und lassen Sie den Schwarztee etwa 3 Minuten ziehen. Warten Sie, bis der Tee abgekühlt ist, und fügen Sie dann Zitronensaft, Honig und das Lavendelöl hinzu. Gut vermischen und nochmals eine Stunde in den Kühlschrank stellen.

Pfefferminz-Schokoladen-Smoothie
2 reife Bananen
1 Tasse Mandelmilch
2 Esslöffel Kakaopulver
eine Handvoll frische Minzblätter
2 Tropfen Pfefferminzöl

Geben Sie alle aufgelisteten Zutaten in einen Mixer und pürieren Sie alles so lange, bis eine cremige Konsistenz entsteht. Wenn Sie möchten, können Sie noch mit etwas Agavendicksaft nachsüßen. Füllen Sie dann Ihren Smoothie in ein Glas und garnieren Sie diesen mit einem frischen Minzblatt.

Rezepte mit Schuss

Lavendel-Martini
60 ml Wodka
15 ml trockener Wermut
1 Tropfen Lavendelöl
Eiswürfel
eine Zitronenzeste oder frische Lavendelblüten

Füllen Sie einen Cocktail-Shaker mit Eiswürfeln. Geben Sie dann den Wodka und den trockenen Wermut hinein. Fügen Sie einen Tropfen ätherisches Lavendelöl hinzu, verschließen Sie den Mixer und schütteln Sie ihn kräftig, um die Zutaten zu vermischen. Gießen Sie dann Ihren Martini in ein gekühltes Martiniglas und garnieren Sie es mit Lavendelblüten oder einer Zitronenzeste.

Grenadine-Cocktail
Aromasirup
100 ml Grenadinesirup
2 Tropfen Bergamottöl
3 Tropfen Mandarinenöl
4 Tropfen Zitronenöl

1 Teelöffel Grenadinesirup
1 Teelöffel Aromasirup
1 Teelöffel Zitronensaft
50 ml Apfelsaft
50 ml Sekt
Eiswürfel
1 Zweig Zitronenmelisse

Stellen Sie im ersten Schritt das Aromasirup her, indem Sie alle Zutaten gut miteinander mischen. Geben Sie dann in ein Sektglas zunächst die Eiswürfel und einen Teelöffel reinen Grenadinensirup sowie einen Teelöffel des selbstgemachten Aromasirups. Füllen Sie dann mit Zitronensaft, Apfelsaft und Sekt auf und dekorieren Sie Ihr Glas mit einem Melissenzweig.

Rosmarin-Gin-Fizz
60 ml Gin
30 ml frischer Orangensaft
einen Spritzer Zitronensaft
1 Teelöffel Honig
2 Tropfen Rosmarinöl
Sodawasser
Eiswürfel

Geben Sie in einen Cocktail-Mixer den Gin, den Orangensaft, den Zitronensaft, den Honig und das ätherische Öl und schütteln Sie gut. Füllen Sie dann die Mischung in ein Glas mit Eiswürfeln, fügen Sie das Sodawasser bis zum Rand hinzu und dekorieren Sie Ihr Glas anschließend mit einer Orangenscheibe.

Minz-Zitronen-Mojito
60 ml weißer Rum
30 ml frischer Limettensaft
1 Teelöffel Zucker
2 Tropfen Zitronenöl
Ginger Beer
frischer Minzzweig und ein paar Blätter
Eiswürfel

Mischen Sie in einem Glas die Minzblätter mit dem Limettensaft und dem Zucker. Zerdrücken Sie dabei zur Entfaltung des Aromas die Minzblätter etwas. Fügen Sie dann den Rum und das Zitronenöl hinzu. Toppen Sie den Mojito mit Ingwerbier und füllen Sie mit Eiswürfeln auf. Rühren Sie alles vorsichtig um und dekorieren Sie Ihr Glas mit einem Minzzweig.

Rezepte für die kalten Wintertage

Minzige heiße Schokolade
100 g Schokolade
600 ml Milch
150 ml Sahne
3 Tropfen Pfefferminzöl
optional Zucker

Geben Sie die Schokolade in Stücken gemeinsam mit der Milch in einen Topf und erhitzen Sie beides, sodass die Schokolade schmilzt. Rühren Sie so lange weiter, bis die Milch anfängt, zu dampfen, dann vom Herd nehmen und die Sahne einrühren. Fügen Sie dann das ätherische Öl hinzu und optional etwas Zucker.

Zitronen-Honig-Tee
240 ml Wasser
Saft einer halben Zitrone
1 Esslöffel Honig
2 dünne Scheiben frischer Ingwer
1 Tropfen Zitronenöl

Bringen Sie das Wasser in einem Topf zum Kochen und geben Sie dann den frischen Ingwer hinein. Lassen Sie diesen etwa 5 Minuten mitköcheln. Danach entfernen Sie die Scheiben wieder und geben den Zitronensaft, den Honig und das ätherische Öl hinzu. Verrühren Sie alles und füllen Sie den Tee in eine Tasse.

Golden Milk
240 ml Mandelmilch oder Hafermilch
1 Teelöffel Kurkumapulver
½ Teelöffel gemahlener Ingwer
eine Prise Zimt
eine Prise schwarzer Pfeffer
1 Teelöffel Honig
1 Tropfen Orangenöl

Erhitzen Sie die Mandelmilch in einem kleinen Topf, lassen Sie diese aber nicht kochen. Fügen Sie dann Kurkumapulver, gemahlenen Ingwer, Zimt, schwarzen Pfeffer und Honig hinzu. Verrühren Sie alles miteinander, bis alle Zutaten gut gemischt sind und die Milch heiß ist. Nehmen Sie dann die Milch vom Herd und fügen Sie einen Tropfen Orangenöl hinzu. Nochmals mischen und in eine Tasse gießen.

Chai-Latte
240 ml Milch
1 Beutel Schwarztee
½ Teelöffel Zimt
¼ Teelöffel gemahlene Vanille
1 Teelöffel Honig
1 Tropfen Zimtöl

Erhitzen Sie die Milch in einem Topf und achten Sie darauf, dass diese nicht kocht. Fügen Sie dann den Beutel Schwarztee sowie Zimt und Vanille hinzu und lassen Sie alles etwa 5 Minuten ziehen. Entfernen Sie dann den Teebeutel und rühren Sie den Honig ein. Anschließend tropfen Sie noch das ätherische Öl hinein und geben alles in eine Tasse. Wenn Sie möchten, können Sie Ihren Chai-Latte noch mit einer Prise Zimt bestreuen.

Gewürze und Kräuter durch ätherische Öle ersetzen und den Geschmack intensivieren

Wie bereits erwähnt, lassen sich Gewürze und Kräuter leicht durch ätherische Öle ersetzen und sind in der Anwendung, wie Sie wissen, sogar sinnvoller. Auch, wenn Gewürze und Kräuter aus der kulinarischen Welt schon lange nicht mehr wegzudenken sind, weil sie unseren Gerichten nicht nur Geschmack, sondern auch Aroma und Farbe verleihen, erfreuen sich ätherische Öle, als Ersatz für traditionelle Gewürze und Kräuter, immer größerer Beliebtheit. Nicht nur der Geschmack von Lebensmitteln verbessert sich, er wird sogar noch intensiviert. Beispielsweise kann ein Tropfen Pfefferminzöl einem Schokoladendessert eine erfrischende Note verleihen, während Zitronenöl einem Fischgericht eine tolle Nuance hinzufügt. Darüber hinaus können ätherische Öle aufgrund Ihres starken Geschmacks auch dazu beitragen, den Bedarf an Salz und Zucker in Rezepten zu reduzieren. Dank ihrer Vielseitigkeit können sie jede Küche, auch Ihre, schmücken.

Oreganoöl für mediterrane Gerichte

Der Oregano ist eine Heilpflanze, die trockenes, sonniges Klima bevorzugt und eine Höhe von bis zu 80 cm erreichen kann. In der alternativen Medizin wird das ätherische Öl vorwiegend bei Verdauungsbeschwerden eingesetzt. Oregano gehört zu den traditionellen Gewürzen für viele mediterrane und mexikanische Gerichte. Das ätherische Öl ist demnach eine großartige Möglichkeit, mediterrane Gerichte aufzupeppen und ihnen einen authentischen Geschmack zu verleihen. Das Öl hat einen würzigen Geschmack, der gut zu Gerichten wie

- Pasta,
- Pizza,
- Salaten,
- gegrilltem Gemüse und
- Fleisch

passt. Ein paar Tropfen Oreganoöl können Tomatensaucen oder mediterranen Marinaden für Fleisch oder Fisch Geschmack verleihen. Es kann auch als Salatdressing verwendet werden, um dem Salat etwas Frische und Geschmack zu verleihen.

Rezept mit Oreganoöl

Griechischer Oregano-Nudelsalat
250 Gramm Fusilli oder Penne
1 rote Zwiebel, fein gehackt
1 grüne Paprika, gewürfelt
1 gelbe Paprika, gewürfelt
1 Gurke, entkernt und in Scheiben geschnitten
200 Gramm Kirschtomaten, halbiert
100 Gramm Feta-Käse, zerbröckelt
Optional frischer Spinat oder Rucola

Dressing:
4 Esslöffel Olivenöl
2 Esslöffel Rotweinessig
1 Knoblauchzehe, fein gehackt
2 Tropfen Oreganoöl
Salz und Pfeffer

Kochen Sie die Nudeln nach Packungsanleitung und lassen Sie diese etwas abkühlen. Vermischen Sie dann in einer großen Schüssel die gekochten Nudeln mit gehackten Zwiebeln, Paprikawürfeln, Gurkenscheiben, Kirschtomatenhälften und Fetakäse. Mischen Sie in einer separaten kleinen Schüssel Olivenöl, Weinessig, gehackten Knoblauch sowie Oreganoöl und schmecken Sie das Dressing mit Salz und Pfeffer ab. Gießen Sie nun das Dressing über den Nudelsalat und vermischen Sie alles gut. Lassen Sie den Salat mindestens 30 Minuten im Kühlschrank, damit er seine Aromen entfalten kann. Vor dem Servieren können Sie optional noch frischen Spinat oder Rucola hinzufügen.

Thymianöl als Ersatz für getrockneten Thymian

Über Thymianöl haben Sie in diesem Ratgeber bereits einiges erfahren können. Da Thymian als Gewürz allseits bekannt ist und oftmals verwendet wird, ist es nicht verwunderlich, dass das ätherische Öl ebenfalls Anwendung in der Küche findet. Es verleiht vielen Gerichten, insbesondere Fleisch und Gemüse, einen würzigen Geschmack. Doch auch Suppen, Eintöpfe und Saucen erhalten durch das ätherische Öl eine wunderbar würzige Note.

Rezept mit Thymianöl

Kartoffel-Lauch-Thymianöl-Suppe

4 große Kartoffeln, geschält und gewürfelt
2 Lauch, in Ringe geschnitten
1 Zwiebel, gehackt
2 Knoblauchzehen, gehackt
1 Liter Gemüsebrühe
1 Tasse Milch oder pflanzliche Milchalternative
2 Esslöffel Olivenöl
Salz und Pfeffer
2 Tropfen Thymianöl

Erhitzen Sie im ersten Schritt das Olivenöl in einem großen Topf, dünsten Sie die Zwiebeln und den Knoblauch darin glasig. Geben Sie dann Kartoffeln und Lauch dazu und braten Sie alles etwa 5 Minuten unter Rühren an. Fügen Sie danach die Gemüsebrühe hinzu und bringen Sie die Suppe zum Kochen. Reduzieren Sie ein wenig die Hitze und lassen Sie alles etwas köcheln, bis die Kartoffeln weich genug sind. Nehmen Sie nun die Suppe vom Herd und pürieren Sie sie mit einem Stabmixer cremig. Fügen Sie die Milch hinzu und schmecken Sie die Suppe mit Salz und Pfeffer ab. Beträufeln Sie vor dem Servieren die Suppe mit 2 Tropfen Thymianöl.

Zitronengrasöl für die asiatische Küche

Ätherisches Zitronengrasöl wird aus den Blättern und Stängeln der Zitronengraspflanze gewonnen. Der frische Zitrusduft erinnert an Zitrone und wirkt erfrischend auf Körper und Geist. Ätherisches Zitronengrasöl wird häufig in der Aromatherapie verwendet, um die Stimmung zu verbessern und Stress abzubauen. Es kann auch als natürliches Insektenschutzmittel verwendet werden, da der Duft von Zitronengrasöl Insekten abwehrt. Darüber hinaus hat Zitronengrasöl auch viele gesundheitsfördernde Eigenschaften, wie etwa die Hemmung von Entzündungen, und sie hilft, Muskel- und Gelenkschmerzen zu lindern.

Das Zitronengrasöl hat einen reichen Zitrusgeschmack und ist ideal als Gewürz für viele verschiedene Gerichte. Suppen, Currys, Marinaden und Saucen erhalten einen frischen Zitronengeschmack. Auch Fisch- und Geflügelgerichte können durch die Zugabe von Zitronengrasöl einen einzigartigen Geschmack erhalten. Zitronengrasöl lässt sich auch gut zum Backen verwenden, denn es verleiht Kuchen, Keksen und Desserts einen erfrischenden Zitrusgeschmack und passt außerdem sehr gut zu anderen Geschmacksrichtungen wie Kokosnuss und Ingwer.

Rezept mit Zitronengrasöl

Zitronengras-Tofu-Curry

400 Gramm Tofu, in Würfel geschnitten
1 Dose Kokosmilch
1 rote Chili, in Streifen geschnitten
1 gelbe Paprika, in Streifen geschnitten
1 Zucchini, gehackt
1 Karotte, in dünne Scheiben geschnitten
2 Knoblauchzehen, gehackt
1 Esslöffel frischer Ingwer, fein gehackt
2 Esslöffel Sojasauce
1 Esslöffel Zitronensaft
2 Tropfen Zitronengrasöl
Frischer Koriander zur Dekoration

Braten Sie zunächst den Tofu in einer Pfanne mit etwas Öl goldbraun an. Stellen Sie dann den Tofu beiseite und braten Sie im nächsten Schritt in einem großen Topf die Knoblauchzehen und den gehackten Ingwer in etwas Öl an, bis ein angenehmer Duft entsteht. Geben Sie dann Paprika, Zucchini und Karotten dazu und braten Sie alles unter Rühren an, bis das Gemüse knusprig ist. Fügen Sie nun die Kokosmilch hinzu und lassen Sie das Curry aufkochen, bevor Sie die Hitze reduzieren. Geben Sie den gebratenen Tofu wieder in die Pfanne und vermischen Sie alles gut. Geben Sie zum Schluss Sojasauce, Zitronensaft und Zitronengrasöl hinein und rühren Sie alles nochmals um. Servieren Sie Ihr Curry mit frischem Koriander.

Ätherische Öle für die Raumluft

In diesem Kapitel geht es darum, wie ätherische Öle Ihre Raumluft bereichern und die Stimmung positiv beeinflussen können, denn ätherische Öle sind nicht nur angenehm für die Nase, sondern haben auch wohltuende Wirkungen auf Körper und Geist, was auch mehrfach in diesem Ratgeber betont wurde.

Entdecken Sie verschiedene Methoden, um ätherische Öle in Ihren Räumen zu verbreiten und eine angenehme Atmosphäre zu schaffen. Lassen Sie sich von den vielfältigen Duftnoten inspirieren, die ätherische Öle bieten, von beruhigenden Aromen wie Lavendel und Kamille bis hin zu erfrischenden Zitrusdüften wie Orange und Zitrone. Erfahren Sie, wie Sie ätherische Öle in Diffusern, Raumsprays oder Duftlampen verwenden können, um eine harmonische und belebende Umgebung zu schaffen.

Duftlampen und Diffusoren: Anwendung und Auswahl

Duftlampen und Diffusoren sind beliebte Aromatherapiegeräte, die es ermöglichen, ätherische Öle in der Luft zu verteilen und so ihre wohltuende Wirkung zu verstärken. Mit diesen Geräten verbreitet sich der Duft sanft und effektiv im Raum, wodurch eine angenehme Atmosphäre entsteht und die Gesundheit gefördert wird. Durch den Einsatz von Aromalampen und Diffusoren können Sie die heilenden Eigenschaften ätherischer Öle optimal nutzen und von ihren unzähligen gesundheitsfördernden Eigenschaften profitieren. Für das Beduften von Räumen gibt es drei gängige Methoden:

- Ultraschall-Diffusoren
- Verdampfer
- Duftlampen

Ultraschall-Diffusoren

Ultraschalldiffusoren sind moderne und effektive Geräte für die Aromatherapie, die ätherische Öle sanft verdampfen und in der Luft verteilen. Diese Diffusoren nutzen Ultraschalltechnologie, um ätherische Öle zu verteilen, ohne ihre therapeutischen Eigenschaften zu verlieren. Das Funktionsprinzip eines Ultraschall-Diffusors ist recht einfach: Das Gerät besteht aus einem Wassertank, in den ein paar Tropfen ätherisches Öl gegeben werden. Ultraschallwellen verwandeln das enthaltene Wasser in einen feinen Nebel, der sich zusammen mit den ätherischen Ölen in einem zarten, duftenden Nebel im Raum verteilt. Der Nebel breitet sich gleichmäßig im Raum aus und sorgt so für eine angenehme Atmosphäre. Ultraschall-Diffusoren bieten verschiedene Individualisierungsmöglichkeiten, etwa die Intensität des Duftes oder die Dauer der Beduftung. Einige Modelle verfügen zudem über Zusatzfunktionen, wie zum Beispiel eine LED-Beleuchtung oder eine Timerfunktion. Besonders praktisch und einfach ist die Verwendung des Ultraschall-Diffusors: Einfach ein paar Tropfen Öl in den Tank füllen, das Gerät einschalten und den angenehmen Duft genießen. Ultraschall-Diffusoren sind leise, energieeffizient und einfach zu bedienen. Sie können auch dazu beitragen, die Luftfeuchtigkeit im Raum zu erhöhen, und so trockener Luft entgegenwirken. Durch die Verwendung eines Ultraschall-Diffusors können Sie die heilenden Eigenschaften ätherischer Öle voll ausschöpfen und von ihren vielen gesundheitlichen Vorteilen profitieren.

Verdampfer

Eine weitere beliebte Methode, ätherische Öle in die Luft zu sprühen und ihre wohltuende Wirkung zu entfalten, ist ein Verdampfer. Es gibt viele verschiedene Arten von Verdampfern, darunter elektrische Verdampfer, Keramikverdampfer und sogar Teelichtverdampfer. Elektrische Verdampfer sind besonders praktisch und einfach in der Anwendung, denn Sie gießen ein paar Tropfen Öl in den Verdampfer, schalten das Gerät ein und schon setzt sich das Aroma frei. Keramikverdampfer funktionieren auf ähnliche Weise und ermöglichen die Verdunstung ätherischer Öle auf Keramikplatten. Teelicht-Verdampfer nutzen die Hitze von Teelichtern, um ätherische Öle zu erhitzen und zu verdampfen. Das Funktionsprinzip eines Verdampfers besteht darin, dass ätherische Öle nach dem Erhitzen oder Verdampfen an die Luft abgegeben werden. Der Duft verteilt sich im ganzen Raum und kann so seine heilende Wirkung entfalten. Durch die Verwendung eines Verdampfers können Sie die Aromatherapie optimal nutzen, um Stress abzubauen, die Stimmung zu verbessern und sogar die Konzentration zu steigern.

Duftlampen

Duftlampen sind eine traditionelle und bewährte Methode, ätherische Öle in der Luft zu verteilen und ihre wohltuende Wirkung zu fördern. Diese Lampen umfassen typischerweise ein Gefäß für Wasser sowie für ätherische Öle und eine Wärmequelle, die das Wasser erhitzt und den Duft im Raum verteilt. Die Verwendung einer Duftlampe ist sehr simpel. Es wird lediglich etwas Wasser in das Gefäß gegossen und ein paar Tropfen eines ausgewählten ätherischen Öls werden hinzugefügt. Anschließend wird die Kerze oder ein Teelicht unter der Duftlampe angezündet, um das Wasser zu erhitzen. Unter Hitzeeinwirkung verdunsten die im Wasser enthaltenen ätherischen Öle und gelangen in Form eines zarten, duftenden Nebels in den Raum.

Duftlampen bieten eine natürliche und sanfte Möglichkeit, ätherische Öle zu verteilen und ihre aromatherapeutischen Eigenschaften zu nutzen. Sie schaffen eine angenehme, duftende Atmosphäre im Raum, helfen, Stress abzubauen, die Stimmung zu verbessern und die Konzentration zu steigern.

Duftlampen können auch verwendet werden, um die Luft von unangenehmen Gerüchen zu befreien oder Insekten abzuwehren. Der Einsatz von Duftlampen erfreut sich in der Aromatherapie besonders großer Beliebtheit, da sie eine einfache und effektive Möglichkeit zur Anwendung ätherischer Öle bieten. Durch die Kombination verschiedener Düfte und ätherischer Öle können Sie individuelle Duftmischungen kreieren, die auf spezifische medizinische oder emotionale Bedürfnisse zugeschnitten sind. Dank ihrer flexiblen Einsatzmöglichkeiten leisten Duftlampen wertvolle Unterstützung für Ihre Gesundheit sowie Ihr Wohlbefinden und können von allen Geräten am günstigsten erstanden werden.

Raumduft-Sprays und Lufterfrischer mit ätherischen Ölen selbst machen

Egal, wo Sie sind, ein Raum oder ein Zimmer hat immer eine starke Wirkung auf Sie. Es mag Ihnen bewusst sein oder auch nicht, doch jeder Raum kann sich auf Ihre Emotionen, auf Ihr Verhalten und auf Ihre Stimmung auswirken. Es ist dabei meist unwichtig, um welche Art Raum es sich handelt. Ob in einem Haus, in einer Wohnung, in einem Geschäft oder einem Büro – das Erste, was Sie bewusst oder unbewusst wahrnehmen, wenn Sie einen Raum betreten, ist der Geruch. Versprüht ein Raum einen angenehmen Duft, optimiert dies direkt das eigene Wohlbefinden und sorgt für einen positiven Eindruck. Mit ätherischen Ölen können Sie jede Umgebung im Handumdrehen verwandeln und eine rundum harmonische Atmosphäre schaffen, denn in einem harmonischen Raum kann einfach MEHR sein.

Ein Raum mit einem angenehmen Duft sorgt dafür, dass sich jeder Mensch wohler und entspannter fühlt, denn Düfte können die Emotionen, die Stimmung und die Gesundheit direkt beeinflussen. In einem angenehm duftenden Raum fühlen wir uns sehr wohl. Ein angenehmer Geruch in einem Raum weist auf eine gute Luftqualität und das Fehlen unangenehmer Gerüche und Schadstoffe hin. Die frische Luft und der angenehme Duft sorgen dafür, dass wir uns körperlich und geistig wohlfühlen, vor allem auch, weil angenehme Düfte beruhigend wirken, Stress abbauen und die Entspannung fördern. Dies ist besonders hilfreich, wenn wir nach einem langen Tag oder vor dem Schlafengehen entspannen möchten.

Raumduft-Sprays und Lufterfrischer mit ätherischen Ölen sind eine natürliche und gesunde Alternative zu herkömmlichen Lufterfrischern, die oft chemische Duftstoffe enthalten und dem Organismus mehr schaden als dienen. Selbst hergestellte Lufterfrischer nutzen den reinen und natürlichen Duft ätherischer Öle, um unangenehme Gerüche zu neutralisieren und ein frisches, angenehm riechendes Raumklima zu schaffen.

Rezept für einen erfrischenden Duft für Wohnräume und Badezimmer

Zitrusduft-Spray
50 ml Wodka
15 Tropfen Zitronenöl
3 Tropfen Orangenöl
3 Tropfen Grapefruitöl

Mischen Sie den Wodka in einer Sprühflasche mit den ätherischen Ölen. Schütteln Sie die Sprühflasche gut, um alle Zutaten zu vermischen, ebenso vor jedem Gebrauch.

Rezept für eine beruhigende Atmosphäre im Schlafzimmer

Entspannender Lavendel-Nebel
5 bis 10 Tropfen Lavendelöl

Fügen Sie 5 bis 10 Tropfen Lavendelöl in Ihren Diffusor oder Vernebler. Die genaue Menge hängt von Ihren persönlichen Duftvorlieben ab. Beginnen Sie mit weniger Öl und fügen Sie bei Bedarf mehr hinzu. Schalten Sie den Diffusor ein und lassen Sie den beruhigenden Duft von Lavendel sich im Raum verteilen, bestenfalls eine Weile, bevor Sie zu Bett gehen.

Rezept für ein gemütliches Ambiente in der Weihnachtszeit

Zimt-Orangen-Duft
5 Tropfen Orangenöl
3 Tropfen Zimtöl
2 Tropfen Nelkenöl

Tropfen Sie die aufgezählten Öle mit Wasser in Ihre Duftlampe und zünden Sie die Kerze an. Trinken Sie dazu einen leckeren Weihnachtstee und genießen Sie die Zeit der Besinnung.

Ätherische Öle zur Neutralisierung von unangenehmen Gerüchen

Unangenehme Gerüche in einem Raum können schnell lästig werden und sich negativ auf das Wohlbefinden auswirken. Sie entstehen aus vielen Gründen, von alltäglichen Aktivitäten bis hin zu bestimmten Quellen. Die häufigsten Ursachen für unangenehme Gerüche im Haushalt sind

- Küchenrauch,
- Haustiergerüche, Schimmel
- Zigarettenrauch,
- Müll oder feuchte Tücher.

Diese Gerüche können auf Teppichen, Möbeln, Vorhängen und anderen Oberflächen zurückbleiben und sind schwer zu entfernen. Die Entstehung unangenehmer Gerüche ist häufig auf eine Kombination aus Feuchtigkeit, Temperatur und organischen Substanzen zurückzuführen, die ideale Bedingungen für das Wachstum von Bakterien und Schimmelpilzen schaffen. Diese Mikroorganismen zersetzen organisches Material und setzen Gase frei, die einen unangenehmen Geruch haben. Um unangenehme Gerüche wirksam zu bekämpfen, ist es wichtig, nicht nur die Symptome zu bekämpfen, sondern auch die Ursache zu identifizieren und zu beseitigen.

Um Gerüche nun effektiv zu neutralisieren, eignen sich vor allem

- Teebaumöl,
- Zitronenöl und
- Eukalyptusöl.

Teebaumöl als Geruchskiller beispielsweise verfügt über natürliche antibakterielle und antimikrobielle Eigenschaften, die unangenehme Gerüche aus Schuhen und Stoffen wirksam beseitigen. Teebaumöl tötet geruchsverursachende Bakterien, wodurch unangenehme Gerüche direkt neutralisiert werden. Außerdem hemmt Teebaumöl die Schimmelbildung, die ebenfalls zu unangenehmen Gerüchen beitragen kann. Doch Teebaumöl bekämpft nicht nur unangenehme Gerüche, sondern hinterlässt auch einen angenehmen, erfrischenden Duft, der unerwünschte Gerüche überdeckt. Möchten Sie Ihren Schuhen wieder einen Frischekick verpassen, träufeln Sie ein paar Tropfen des Öls auf ein Baumwolltuch und legen dieses in Ihre Schuhe oder verwenden nachfolgendes Rezept, um Ihre Schuhe und Textilien einzusprühen.

Rezept gegen Gerüche für Schuhe und Textilien

Teebaumöl-Geruchseliminierer-Spray

50 ml Wodka
25 Tropfen Teebaumöl

Mischen Sie den Wodka in einer Sprühflasche mit dem ätherischen Öl. Schütteln Sie die Sprühflasche gut, um alle Zutaten zu vermischen, ebenso vor jedem Gebrauch, und besprühen Sie Schuhe und Textilien damit. Wiederholen Sie diesen Vorgang bei Bedarf, um hartnäckige Gerüche zu beseitigen.

Das Zitronenöl verströmt nicht nur einen erfrischenden Duft, sondern hilft auch wirksam dabei, unangenehme Gerüche in der Küche zu beseitigen, denn Zitronenöl hat natürliche antibakterielle und desodorierende Eigenschaften. Auch der frische Zitrusduft überdeckt wirksam unerwünschte Gerüche und schafft in der Küche eine angenehme Atmosphäre, vor allem nach einer Zubereitung mit Fisch.

Rezept bei Küchengerüchen

Zitronenöl-Aromalampe
8 Tropfen Zitronenöl

Tropfen Sie das ätherische Öl mit Wasser in Ihre Duftlampe und zünden Sie ein Teelicht an. Schließen Sie bestenfalls die Küchentür und lassen Sie den Dampf des Zitronenöls sich verteilen.

Eukalyptusöl ist für seine luftreinigenden Eigenschaften und die Beseitigung unangenehmer Gerüche bekannt. Dies liegt vor allem an den antibakteriellen und antiseptischen Eigenschaften des Öls. Wenn Eukalyptusöl in die Luft gelangt, kann sein Dampf geruchsverursachende Bakterien, Viren und Pilze abtöten. Das Öl wirkt auch als natürlicher Luftbefeuchter und erhöht die Feuchtigkeit, um trockener Luft vorzubeugen, die ebenfalls Gerüche verursachen kann.

Rezept für eine gereinigte Luft

Eukalyptus-Diffusor
10 Tropfen Eukalyptusöl

Füllen Sie den Wassertank des Diffusors mit destilliertem Wasser. Fügen Sie dann das Eukalyptusöl hinzu. Schalten Sie den Diffusor ein, um die Luft zu reinigen und einen angenehmen Duft zu hinterlassen.

Aromatherapie für eine entspannte und produktive Arbeitsumgebung

Fast nichts beeinflusst uns so sehr wie die Gerüche, die wir um uns herum wahrnehmen. Sie wissen, dass ätherische Öle einen positiven Einfluss auf unsere Gesundheit und Stimmung haben, daher sollten sie auch ein wesentlicher Bestandteil einer gesunden, produktiven Arbeitsumgebung sein, in der MEHR erreicht werden kann. Obwohl natürlich immer mehr Menschen unzählige Gesundheits- und Wellnessvorteile bei der Verwendung ätherischer Öle entdecken und auch offen dafür sind, gibt es in beruflicher Hinsicht noch viel Raum für Verbesserungen. Die Kraft ätherischer Öle ist erstaunlich, aber leider wird ihnen immer noch so wenig Beachtung, gerade im Berufsalltag, geschenkt. Dabei ist ein angenehmer Duft so kraftvoll und doch belebend, was dabei hilft, den Kopf frei zu bekommen und neue Ideen zu entwickeln.

Durch den Einsatz ätherischer Öle in Ihrem Arbeitsumfeld schaffen Sie eine angenehme Atmosphäre und helfen sich dabei, effizienter und stressfreier zu arbeiten. Es ist erstaunlich, wie ein einfacher Duft Ihre Stimmung und Leistung beeinflussen kann. Gönnen Sie sich also ab und zu eine kleine Aromatherapie am Arbeitsplatz und genießen Sie die positive Wirkung auf Körper und Geist. Denn eine ruhige und produktive Arbeitsumgebung ist der Schlüssel zu einem erfolgreichen Tag. Zitronenöl wirkt erfrischend und belebend, was es zu einem idealen Öl für den Geschäftsalltag macht. Als natürlicher Stimmungsaufheller trägt es dazu bei, Freude und Glück hervorzurufen. Sein sauberer, erfrischender Duft belebt die Umgebung und reinigt auf jeder Ebene. Dieses Öl hilft Ihnen, sich auf eine Sache zu konzentrieren und die geistige Klarheit wiederherzustellen, sobald Sie geistig einmal müde sind. Zitronenöl ist auch sehr nützlich, wenn Sie etwas Neues lernen möchten, denn es hilft Ihnen, selbstbewusster zu werden.

Rezept für mehr Konzentration und Fokus

Zitronenöl-Diffusor

10 Tropfen Zitronenöl

Füllen Sie den Wassertank des Diffusors mit destilliertem Wasser. Fügen Sie dann das Zitronenöl hinzu. Schalten Sie den Diffusor an, am besten direkt, wenn Sie morgens Ihr Büro betreten, so starten Sie gleich mit viel Fokus in den Arbeitstag.

Es wirkt erfrischend und heilend – Pfefferminzöl ist eine wahre Wohltat für Körper und Seele. Vor allem die Kombination mit Orangenöl wird vieles erleichtern, da Stress und Traurigkeit reduziert werden. Diese erfrischende Mischung verbessert Ihre Stimmung und verleiht Energie. Es ermöglicht ein tiefes Durchatmen und aktiviert das Gedächtnis. Pfefferminzöl ist ein sehr kühlendes Öl, das körperliche und geistige Belastungen abkühlen lässt.

Rezept für mehr Energie und Leistungsfähigkeit

Pfefferminz-Orangen-Duftlampe

3 Tropfen Pfefferminzöl

3 Tropfen Orangenöl

Tropfen Sie die zwei ätherischen Öle mit Wasser in Ihre Duftlampe und zünden Sie die Kerze an. Atmen Sie einige Male tief durch und fahren Sie dann erst wieder mit Ihrer Arbeit fort.

Lavendelöl ist ideal für ein gutes Arbeitsumfeld, da es Stress und Anspannung im Arbeitsumfeld reduziert. Außerdem wird die Kreativität bei der Umsetzung neuer Projekte und Ideen gefördert.

Rezept für weniger Stress und mehr Kreativität

Lavendel-Nacken-Massage

1 Tropfen Lavendelöl
1 Teelöffel Öl Ihrer Wahl

Geben Sie beide Öle in Ihre Hände und verreiben Sie alles mit Ihren Handflächen. Massieren Sie dann Ihren Nacken und atmen Sie anschließend aus Ihren Handflächen tief ein.

Ätherische Öle für die emotionale Balance

Ihr emotionales Gleichgewicht kann sich direkt darauf auswirken, wie sich der Rest Ihres Körpers anfühlt und funktioniert. Wenn Sie sich in einem Zustand emotionalen Stresses befinden, beeinträchtigt dies Ihre allgemeine Lebensqualität und Ihre Gefühle in Ihrem täglichen Leben. Emotionale Gesundheit beeinflusst, wie Sie Entscheidungen treffen, wie Sie mit anderen interagieren und wie Sie auf Lebensereignisse reagieren.

- Stress,
- Angstgefühle,
- Wetterumschwünge,
- veränderte Lebenssituationen

und viele andere allgemeine Emotionen im Zusammenhang mit Angst können einen sehr negativen Einfluss auf Ihre Stimmung haben. Daher ist es wichtig, Wege zu finden, um Ihre negativen Emotionen zu bekämpfen. Andernfalls kann es Ihre Lebensqualität ernsthaft beeinträchtigen.

Mit ätherischen Ölen können Sie ein Gefühl von Frieden und Glück erzeugen oder eine Umgebung schaffen, die die Stimmung verbessert, und sie so zur Vorbeugung emotionaler Gesundheit nutzen. Jedes ätherische Öl hat sein eigenes biochemisches Profil und die meisten ätherischen Öle können als stimmungsaufhellend oder beruhigend eingestuft werden. Die Einzigartigkeit des biochemischen Profils jedes ätherischen Öls löst spezifische emotionale Reaktionen aus.

Egal, welche Themen Sie haben, ob auf emotionaler, mentaler oder spiritueller Ebene, die ätherischen Öle, vor allem im Diffuser, können bei der Lösung helfen. Für eine optimale Gesundheitsvorsorge ist es am besten, sie täglich zu verwenden. Dank der Verbreitung des Öls können Sie seine charakteristischsten Eigenschaften nutzen – nämlich den Geruch und das Aroma. Indem Sie sich intensiv mit den Düften befassen, lernen Sie, die Wirkung ätherischer Öle auf einer tieferen Ebene zu verstehen. Wählen Sie daher immer das ätherische Öl, das Ihnen in einem bestimmten Moment am wohltuendsten ist: körperlich, geistig, emotional oder spirituell. Stellen Sie sich ätherische Öle als Nahrungsergänzungsmittel vor. Sie versorgen mit jeder Anwendung Ihren Körper mit den Nährstoffen, die er für eine ordnungsgemäße Funktion benötigt. Obwohl es offensichtliche Unterschiede in der Art und Weise gibt, wie jede Person sie verwendet, ist es allgemein anerkannt, dass die Verwendung ätherischer Öle ein wichtiger Schlüssel zum Erreichen der gewünschten Ergebnisse ist. Integrieren Sie daher ätherische Öle in Ihren Alltag und unterstützen Sie Körper, Geist und Seele auf natürliche und sichere Weise.

Die folgenden ätherischen Öle eignen sich besonders für folgende Lebensthemen:

- **Geraniumöl:** Sie fühlen mehr Frieden im Herzen.
- **Orangenöl:** Sie haben mehr Vertrauen in die Zukunft.
- **Melissenöl:** Sie entwickeln neue Perspektiven und können wieder mehr an sich selbst glauben.
- **Lavendelöl:** Sie fühlen mehr Sicherheit, Stabilität und Halt.
- **Vetiveröl:** Sie entwickeln für neue Pläne einen Fokus.
- **Cassiaöl:** Sie können Ihre Einzigartigkeit erkennen.
- **Myrrheöl:** Egal, welche Umstände Sie plagen, Sie können mehr Geborgenheit spüren.
- **Bergamottöl:** Alle Ihre Emotionen werden besänftigt.
- **Kamillenöl:** Sie fühlen Entspannung in allen Bereichen.

Alle genannten Öle lassen sich hervorragend in einem Diffusor verwenden. Zusätzlich erhalten Sie noch drei spezielle Rezepte für mehr seelisches Wohlbefinden.

Rezept gegen Ängste

Bergamott-Taschentücher
1 Tropfen Bergamottöl
1 Päckchen Taschentücher

Ziehen Sie aus der Mitte der Taschentücherpackung eines zur Hälfte raus, träufeln Sie einen Tropfen Bergamottöl darauf und schieben Sie es wieder zurück. Sie können nun immer bei Bedarf an Ihrem Päckchen riechen und damit Ihre Stimmung wieder erhellen.

Rezept für Entspannung und Ausgeglichenheit

Lavendel-Ölkompresse
1 Tropfen Lavendelöl
1 Esslöffel Mandelöl

Vermischen Sie das Lavendelöl mit dem Mandelöl in einer kleinen Schüssel und geben Sie dieses anschließend auf eine Kompresse. Legen Sie es mittig auf Ihren Oberbauch und entspannen Sie im Liegen so lange, wie Sie möchten. Eine Ölkompresse eignet sich besonders bei innerer Unruhe und kann mit allen Ölen durchgeführt werden.

Rezept für das seelische Gleichgewicht und mehr Ruhe

Raumspray „Ausgeglichenheit"
40 ml Rosenhydrolat
10 ml Wodka
3 Tropfen Kamillenöl
15 Tropfen Lavendelöl
2 Tropfen Ho-Blätter-Öl

Geben Sie den Wodka in eine Sprühflasche und träufeln Sie dann die ätherischen Öle hinein. Schütteln Sie einmal gut durch und besprühen Sie den Raum, in dem Sie sich befinden.

Stimmungsaufhellende Düfte für mehr Freude und Entspannung

Freude und Entspannung sind zwei wundervolle Gefühle, die in der Hektik des Alltags oft verloren gehen. Doch gerade in diesen stressigen Zeiten ist es besonders wichtig, sich bewusst Zeit für sich selbst zu nehmen und Momente voller Spaß und Entspannung zu genießen. Nur, wenn Sie sich regelmäßig Ruhe gönnen, können Sie neue Kraft tanken und gestärkt in den Alltag zurückkehren. Gönnen Sie sich diese kostbaren Momente und spüren Sie, wie

Ihre Seele heller und Ihr Geist ruhiger wird. Denn wahre Freude und Entspannung sind wie Balsam für die Seele und bringen Sie zurück zu Ihrer inneren Mitte. Ätherische Öle besitzen die wundersame Fähigkeit, Ihre Stimmung unglaublich zu heben und Sie in eine Welt des Glücks zu entführen. Die Kraft der Aromatherapie ist seit Jahrhunderten bekannt und wird heute zunehmend genutzt, um das emotionale Gleichgewicht aufrechtzuerhalten und positive Gefühle zu erzeugen. Düfte wie Lavendel, Zitrone, Orange und Bergamotte können Stress abbauen, Angstzustände reduzieren und Ihre Stimmung verbessern. Sie wirken beruhigend, erfrischend oder belebend – je nach Bedarf und Vorlieben. Ob ätherische Öle im Diffusor angewendet, Aromaöle für ein entspannendes Bad oder Raumdüfte für eine angenehme Atmosphäre, die Möglichkeiten sind grenzenlos und werden Ihnen hier aufgezeigt.

Orangenöl (Citrus sinensis)

Die Orange kommt aus der Familie der Rautengewächse und der Duft ist süß, warm und fruchtig. Hergestellt wird Orangenöl durch Kaltpressung und die Inhaltsstoffe sind

- Monoterpene,
- Monoterpenole und
- Spuren von Furanocumarinen.

Wirkung:

- fördert die Verdauung
- strafft die Haut
- löst Ängste
- mindert Stress
- beruhigt

Anwendung:

- Angst
- Blähungen
- Cellulite
- Nervosität
- Unruhe
- Schlafstörungen
- Stress
- Verdauungsstörungen

Rezept für eine gute Stimmung

Körperbalsam „Wonne"

50 Gramm Kokosöl
4 Tropfen Orangenöl
2 Tropfen Zirbelkieferöl
2 Tropfen Vanilleöl
2 Tropfen Benzoeöl

Tropfen Sie die ätherischen Öle in das Kokosöl und mischen Sie alles gut in einer Schüssel durch. Füllen Sie den Balsam in einen Tiegel und cremen Sie sich immer bei Bedarf, vor allem Ihren Solarplexus, oberhalb Ihres Bauchnabels, damit ein.

Jasminöl (Jasminum grandiflorum)

Jasmin kommt aus der Familie der Ölbaumgewächse und der Duft ist blumig, sinnlich und exotisch. Hergestellt wird Jasminöl durch Lösungsmittelextraktion und die Inhaltsstoffe sind

- Ester,
- Monoterpenole,
- Phenole und
- Phenylester.

Wirkung:

- beruhigt die Haut
- harmonisiert
- entkrampft
- fördert Entspannung und Wohlbefinden
- lindert Depressionen
- erotisierend

Anwendung:

- Erschöpfung
- Kopfschmerzen
- Nervosität
- PMS
- Unsicherheit
- Stress

Rezept für mehr Wohlbefinden

Jasmin-Roll-On

10 ml Jojobaöl
1 Tropfen Neroliöl
3 Tropfen Jasminöl
1 Tropfen Benzoeöl
1 Tropfen Zedernöl

Geben Sie das Pflanzenöl in den Roll On und träufeln Sie die ätherischen Öle hinein. Verschließen Sie es gut und schütteln Sie es durch. Rollen Sie bei Bedarf über Ihre Stirn oder über die Stelle Ihres Handgelenks, an der Sie Ihren Puls spüren, vor allem dann, wenn Sie sich nach mehr Entspannung sehnen.

Rosengeranienöl (Pelargonium x graveolens)

Die Rosengeranie kommt aus der Familie der Rosengewächse und der Duft ist rosig und leicht zitrusartig. Hergestellt wird Orangenöl durch Wasserdampfdestillation und die Inhaltsstoffe sind

- Ester,
- Monoterpene,
- Monoterpenketone,
- Monoterpenole,
- Oxide,
- Sesquiterpene und
- Sesquiterpenole.

Wirkung:

- antimykotisch
- regeneriert die Haut
- pflegt die Haut ausgiebig
- moduliert die Hormone
- fördert den Lymphfluss
- entspannt
- löst Ängste und Stress
- weist Insekten ab

Anwendung:

- Akne
- Angst
- Menstruationsbeschwerden
- Narben
- Pilzbefall
- Stress
- Wunden

Rezept für mehr Harmonie und positive Emotionen

Bade-Sahne „Balance"

4 Esslöffel Sahne

4 Tropfen Rosengeranienöl

Vermischen Sie die Sahne mit dem ätherischen Öl in einer kleinen Schüssel und geben Sie die Mischung in das einlaufende Badewasser. Baden Sie etwa 20 bis 25 Minuten und kuscheln Sie sich danach mit einem Bademantel auf die Couch.

Ätherische Öle zur Förderung von Selbstvertrauen und Motivation

Wenn Sie ein Mensch voller Vertrauen in sich selbst und Ihre Fähigkeiten sind, verfügen Sie über eine besondere Ausstrahlung, die sich nur schwer mit Worten beschreiben lässt. Was Sie sagen, macht Sinn, Sie sind vertrauenswürdig und Sie wirken ermutigend, überzeugend und sachkundig. So kommt das, was Sie vermitteln möchten, bei allen besser an – unabhängig vom Inhalt. Sie werden sich einfach besser, selbstbewusster und sicherer fühlen. Wichtige Fragen lenken Sie nicht ab, sondern regen zum Nachdenken und Entdecken an. Selbstvertrauen ist die Fähigkeit, sich selbst als positive, fähige, wertvolle und kompetente Person wahrzunehmen, die sich selbst respektiert. Ob Sie nun viel Selbstvertrauen und Motivation besitzen oder nicht, in jedem Fall können ätherische Öle nicht nur zur Entspannung und Verbesserung der Stimmung eingesetzt werden, sondern auch zur Steigerung des Selbstvertrauens und der Motivation. Manche Düfte haben die unglaubliche Fähigkeit, Ihre innere Stärke zu wecken und Ihnen zu mehr Selbstvertrauen zu verhelfen. Öle wie Zitrone, Rosmarin, Pfefferminze und Bergamotte unterstützen Sie dabei, negative Gedanken zu beruhigen, das Selbstvertrauen zu stärken und die Motivation zu steigern. Sie wirken anregend, erfrischend oder belebend. Die Öle eignen sich sowohl als Aromaöl für eine inspirierende Arbeitsumgebung oder einen motivierenden Start in den Tag und als Massageöl, das Ihnen strahlendes Selbstvertrauen beschert. Ausgewählte Öle sind vor allem:

- Zitronenöl,
- Pfefferminzöl,
- Rosmarinöl.

In diesem Ratgeber sind Ihnen die drei Öle schon mehrmals begegnet, dies zeigt einmal mehr die Vielfältigkeit der ätherischen Öle. Für mehr Selbstvertrauen und Motivation eignen sich die folgenden drei Rezepte.

Rezept für mentale Klarheit und Selbstvertrauen

Raumspray „Clarity"

50 ml Wodka
15 Tropfen Zitronenöl

Geben Sie den Wodka in eine Sprühflasche und träufeln Sie dann das ätherische Öl hinein. Schütteln Sie einmal gut durch und besprühen Sie den Raum, in dem Sie sich befinden, oder auch Ihr Büro.

Rezept für Motivation und mentale Energie

Ausdauernde Aromalampe
1 Tropfen Pfefferminzöl
1 Tropfen Zitronenöl
1 Tropfen Bergamottöl

Tropfen Sie die aufgezählten Öle mit Wasser in Ihre Aromalampe und zünden Sie die Kerze an. Atmen Sie einige Male tief durch und starten Sie dann mit Ihrem Vorhaben durch.

Rezept für mentale Ausdauer und Konzentration

Raumspray „Active"
50 ml Wodka
25 Tropfen Rosmarinöl
10 Tropfen Pfefferminzöl
5 Tropfen Zirbelkieferöl

Geben Sie den Wodka in eine Sprühflasche und träufeln Sie dann alle ätherischen Öle hinein. Schütteln Sie die Flasche gut durch und besprühen Sie den Raum, in dem Sie sich befinden, oder auch Ihr Büro.

Aromatherapie für die Unterstützung von emotionaler Stabilität und Ausgeglichenheit

Emotionale Stabilität und Ausgeglichenheit sind eine solide Grundlage, auf der Sie Ihr Leben aufbauen können. In einer Welt voller Probleme und Stresssituationen ist es äußerst wichtig, bei sich selbst zu bleiben und das emotionale Gleichgewicht zu bewahren. Nur, wenn Sie emotional stabil sind, können Sie klar denken, angemessen reagieren und konstruktive Lösungen finden. Balance ermöglicht es Ihnen, auch in chaotischen Zeiten ruhig zu bleiben und gelassen zu handeln. Es gibt Ihnen die Kraft, mit schwierigen Situationen umzugehen und inneren Frieden zu finden. Daher ist es wichtig, dass Sie sich bewusst Zeit für sich selbst nehmen, mit Ihren Emotionen umgehen und Wege finden, für emotionale Stabilität und Ausgeglichenheit zu sorgen. Denn nur, wenn Sie im Einklang mit sich selbst sind, können Sie Ihr volles Potenzial entfalten und ein erfülltes Leben führen. Für mehr emotionale Stabilität und Ausgeglichenheit haben Sie mit ätherischen Ölen eine sehr wertvolle Unterstützung, vor allem dann, wenn Sie regelmäßig angewendet werden. Die Art und Weise der Anwendung spielt dabei weniger eine Rolle, da sowohl als Raumduft als auch Aufgetragen auf die Haut eine wunderbar beruhigende Wirkung im Körper erzielt wird.

Rezept für Harmonie und innere Ruhe

Roll On „Harmony"
10 ml Jojobaöl
5 Tropfen Ylang-Ylang-Öl
2 Tropfen Ho-Blätter-Öl
1 Tropfen Benzoeöl

Geben Sie das Jojobaöl in den Roll On und träufeln Sie die ätherischen Öle hinein. Verschließen Sie ihn gut und schütteln Sie gut durch. Rollen Sie bei Bedarf über Ihre Stirn oder über die Stelle an Ihrem Handgelenk, an der Sie Ihren Puls spüren, vor allem dann, wenn Sie innerlich unruhig sind und wieder Harmonie verspüren möchten.

Rezept für spirituelles Wachstum und als Meditationshelfer

Aromalampe „Einkehr"
3 Tropfen Weihrauch

Tropfen Sie die aufgezählten Öle mit Wasser in Ihre Aromalampe und zünden Sie die Kerze an. Atmen Sie einige Male tief durch und beginnen Sie mit Ihrer Meditation oder verweilen Sie einfach nur einen Moment in Stille.

Rezept für spirituelle Balance und Ausgeglichenheit

Bauchöl „Seelenruhe"
50 ml Mandelöl
4 Tropfen Sandelholzöl
4 Tropfen Lavendelöl
2 Tropfen Benzoeöl

Vermischen Sie in einer Schüssel das Mandelöl mit den ätherischen Ölen und verteilen Sie dies über Ihren gesamten Bauchbereich. Atmen Sie dabei tief durch die Nase in Ihren Bauch ein und durch den Mund wieder aus.

Ätherische Öle für Haustiere und natürliche Hausmittel

Was sind die Voraussetzungen, damit die Beziehung zwischen Ihnen und Ihrem Haustier glücklich, lebendig und ausgelassen bleibt? Was bestimmt das jederzeitige Glück zwischen Ihnen und Ihrem Hund, Ihrer Katze, Ihrem Pferd, Ihrem geliebten Vierbeiner? Es ist die Gesundheit. Wenn Ihr Haustier unter Beschwerden leidet oder krank ist, leiden Sie oftmals mit, was nicht unbedingt sein muss. Für viele Krankheiten, unter denen Ihr Haustier leidet, gibt es die wirksamsten und natürlichsten Heilmittel. Diese hochwirksamen Mittel sind die ätherischen Öle.

Die Verwendung ätherischer Öle für Haustiere ist ein ebenso faszinierendes wie kontroverses Thema. Während einige Tierhalter die positive Wirkung der Aromatherapie auf ihre vierbeinigen Freunde loben, bestehen auch Bedenken hinsichtlich der Sicherheit und möglicher Risiken für Haustiere. In diesem Kapitel möchten wir uns eingehender mit diesem Thema befassen und Ihnen zeigen, wie Sie ätherische Öle bei Ihren Haustieren sicher und verantwortungsvoll anwenden. Dies ist auch unbedingt zu beachten und einzuhalten, da Nebenwirkungen und negative Reaktionen schlimmstenfalls böse enden können. Es ist aus diesem Grund auch zu raten, dass Sie aufmerksam den sicheren Einsatz von ätherischen Ölen bei Haustieren lesen, bevor Sie diese bei Ihrem Fellliebling benutzen.

Die Verwendung ätherischer Öle für Haustiere ist nichts Neues. Natürliche Duftstoffe werden seit Jahrhunderten eingesetzt, um die Gesundheit und das Wohlbefinden von Tieren zu unterstützen. Heutzutage, da die Aromatherapie immer beliebter wird, ist es jedoch wichtig, sich ihrer richtigen Anwendung und potenziellen Risiken bewusst zu sein. Sie bekommen aufgezeigt, welche ätherischen Öle für welche Tiere geeignet sind, wie Sie sie sicher anwenden und welche Vorsichtsmaßnahmen Sie unbedingt beachten sollten. Darüber hinaus werden Sie die potenziellen gesundheitlichen Vorteile erfahren, die ätherische Öle für Haustiere bieten können, und bekommen wertvolle Tipps, wie Sie ätherische Öle in die Pflege und das Wohnumfeld Ihrer Haustiere integrieren können.

Sicherer Einsatz von ätherischen Ölen bei Haustieren

Bevor Sie ätherische Öle bei Ihrem Haustier anwenden, ist es wichtig, die grundlegenden Anweisungen für eine sichere Anwendung zu befolgen.

Ätherische Öle halten gesund und glücklich, aber nur, wenn Sie auch ätherische Öle verwenden, die nach therapeutischen Standards hergestellt wurden. Nur darin sind die natürlichsten Heilkräfte der Pflanze wirklich vorhanden. Solche Öle enthalten in der Ölflasche möglichst viele lebende chemische Bestandteile – die Heilkraft der Pflanze, die zuvor auch in der lebenden Pflanze vorhanden war. Im Labor hergestelltes Öl kann diese Anforderung nicht erfüllen. Derzeit erfüllen nur 2 % aller weltweit produzierten ätherischen Öle die therapeutischen Standards. Sie haben ja bereits die Bedeutung von Qualität und Reinheit in diesem Ratgeber erfahren, halten Sie sich beim Kauf, vor allem für die Behandlung bei Tieren, unbedingt an die Qualitätsmerkmale und fragen Sie im Zweifelsfall immer einen Aromatherapeuten.

Grundregeln für die sichere Anwendung

Verdünnung:

Sie sollten Ihr Haustier immer langsam und schrittweise an ätherische Öle heranführen. Für jede Anwendung sollte reines Pflanzenöl, etwa Olivenöl oder neutrales Massageöl, zur Verfügung stehen.

Beobachtung:

Wenn Ihr Haustier nervös wird, ist das ein Zeichen von Unwohlsein. Beobachten Sie die Reaktion Ihres Haustiers auf ätherische Öle genau, damit Sie schnell Änderungen vornehmen können. Wenn der Duft zu stark ist oder die Haut durch die Verwendung ätherischer Öle gerötet ist, verdünnen Sie es sofort mit reinem Pflanzenöl. Tragen Sie daher eine großzügige Menge reines Pflanzenöl, beispielsweise Olivenöl, auf das ätherische Öl auf, um es zu verdünnen.

Achtung Augen:

Achten Sie bei der Verwendung ätherischer Öle besonders darauf, dass diese nicht in die Augen oder andere empfindliche Hautbereiche gelangen, da sie ein Brennen verursachen. Spülen Sie sie daher anschließend mit reinem Pflanzenöl ab. Ätherische Öle sollten auch nicht ins Ohr gegeben, sondern nur zur Behandlung des äußeren Teils des Ohrs verwendet werden.

Vermeidung:

Phenolreiche ätherische Öle wie Oregano oder Thymian sollten bei Tieren, insbesondere bei Katzen, nicht oder nur in stark verdünnter Form angewendet werden. Katzen mögen auch prinzipiell keine Zitrusöle. Es gilt grundsätzlich eine besondere Vorsicht bei Katzen mit der Verwendung ätherischer Öle.

Beispielsweise synthetisches Melaleucaöl, also Teebaumöl, kann für Katzen giftig und tödlich sein. Auch bei trächtigen Tieren sollten ätherische Öle nicht angewendet werden.

Sicherheitsregeln in der Tierpflege mit ätherischen Ölen

1. Grundsätzlich sollten Sie niemals ätherische Öle an Tieren verwenden, wenn Sie sich nicht vollkommen sicher sind, dass Sie reine, nach therapeutischem Standard hergestellte Öle zur Verfügung haben, denn synthetische Öle können tödlich für Haustiere sein.
2. Für Katzen und kleine Hunde reicht lediglich ein „Hauch" des ätherischen Öls, da sie sehr empfindlich sind und sofort auf das Öl reagieren. Bei Katzen, Hunden und allen Kleintieren muss das ätherische Öl sehr stark verdünnt werden. Wenn Sie diese Regeln befolgen, sind Sie auf der sicheren Seite.
3. Ein Tropfen Pfefferminzöl entspricht 21 Pfefferminzteebeuteln. Der gesunde Menschenverstand sagt uns, dass 1 Tropfen oder 21 Teebeutel zu viel für ein Kätzchen sind. Aus diesem Grund werden ätherische Öle für Kleintiere stark verdünnt und nur in der Aura oder ins Fell eingestreichelt.
4. Je nach Art und Größe des Tieres werden ätherische Öle gezielt eingesetzt. Pflanzenfresser lieben reine ätherische Öle, weil sie diese über die Nahrung kennen. Fleischfresser bevorzugen ätherische Öle als milde Würze, also stark verdünnt. Es kommt auch auf die Vorlieben jedes Einzelnen an. Wer etwas nicht mag, wird es nicht bekommen. Dies muss stets respektiert werden.

Die Dosierung

Die Größe des Tieres bestimmt die Menge des verwendeten ätherischen Öls. Um die Tiere daran zu gewöhnen, müssen Sie außerdem stark verdünnte Öle verwenden, die nur einen leichten Duft in Ihrer eigenen Nase erahnen lassen. Vergessen Sie nicht: Ihre Ölmischung riecht für Ihr Haustier vierzigmal stärker. Sobald sich Ihr Haustier an das Öl gewöhnt hat, können Sie die unten aufgeführten Dosierungsempfehlungen regelmäßig anwenden.

- Nehmen Sie für Kleintiere wie Katzen und kleine Hunde 1 Tropfen ätherisches Öl und verdünnen Sie es mit 90 % oder mehr reinem Pflanzenöl wie Kokosnussöl, Sonnenblumenöl oder Olivenöl. Geben Sie zunächst mit der Zahnstochermethode 1/4 bis 1/2 Tropfen dieser Substanz in das Futter, damit es sich nach und nach an den Geschmack gewöhnt.
  - Zahnstochermethode: Tauchen Sie einen Zahnstocher in die Ölmischung und rühren Sie damit eine ganz geringe Menge des Öls in das Futter ein.

○ Oder Sie träufeln einen Tropfen in die Hand, verreiben diesen gründlich und lassen das Tier herankommen, um es schließlich zu streicheln, sofern es sich mit dem Duft an Ihrer Hand wohlfühlt.

• Bei größeren Tieren wie großen Hunden beginnen Sie mit 3 Tropfen und verdünnen diese mit 90 % oder mehr reinem Pflanzenöl. Auch hier wird während der Eingewöhnungszeit ein langsames Verfahren durchgeführt und wieder die Zahnstochermethode angewendet. Vermeiden Sie zunächst heiße Öle wie Zimt, Cassia oder Oregano und verdünnen Sie sie dann stark. Starke Öle sollten Sie außerdem auch bei Kaninchen meiden.

• Bei Geflügel werden dem Futter jedoch die antibakteriellen und antiviralen Öle von Oregano und Zimt in entsprechender Verdünnung als natürliche Antibiotika zugesetzt. Truthahn- und Hühnerfarmen, die ätherische Öle verwenden, müssen auf keine herkömmlichen Antibiotika zurückgreifen. Es gibt mittlerweile eine neue, hochwirksame und umweltfreundliche Methode, bei der duftende Kiefernpellets anstelle von Stroh im Stall verteilt werden. Sie werden als Einstreu für Kaninchen, Pferde, Kühe und Vögel verwendet. Biobauern machen sich die Kraft ätherischer Öle zunutze. Ihre Ställe duften wunderbar und ihre Küken sowie Kaninchen, Fohlen und Kälber wachsen gesünder auf und werden resistenter gegen Krankheiten. Die aus einem solchen ökologischen Landbau gewonnenen Lebensmittel sind für den Endverbraucher von unschätzbarem Wert.

• Vögel sind besonders anfällig für Haushaltsgifte. Das Kochen in beschichteten Pfannen kann für sie tödlich sein. Lufterfrischer und Duftkerzen sind ebenso gefährlich für unsere gefiederten Freunde. Ätherische Öle galten zunächst als giftig für Vögel, da die meisten Öle auf dem Weltmarkt zu 100 % verfälscht oder synthetisch und daher giftig für den Körper waren. Vögel können jedoch von reinen ätherischen Ölen profitieren. Allerdings ist Vorsicht und Umsicht geboten, denn die Erforschung und Anwendung hochwirksamer ätherischer Öle bei Vögeln steckt noch in den Kinderschuhen.

• Bei großen Tieren wie Pferden und Kühen sollten Sie mit 10 Tropfen beginnen und diese mit 80 bis 90 % reinem Pflanzenöl verdünnen. Auch hier sollten Sie die Tiere zunächst an den Geruch des ätherischen Öls gewöhnen, bevor Sie mit der „Arbeit" beginnen. Sobald Pferde, Rinder, Lamas, Alpakas, Schafe und Ziegen erst einmal an ätherische Öle gewöhnt sind, können sie ätherische Öle äußerlich vertragen, indem Sie das Öl auf ihren Rücken reiben. Doch verdünnen Sie das Öl bei Reizungen sofort mit reinem Pflanzenöl.

Mengenangaben im Wasser		
Tierart	**Menge ätherisches Öl**	**Vorschlag**
Hunde	1 Tropfen in 1 Liter Wasser	Pfefferminze, Zitrusöle, Melisse
Hühner	1 Tropfen in 1 Liter Wasser	antibakterielle Ölmischung
Katzen	Zahnstochermethode	Katzen verweigern möglicherweise das Wasser.
Pferde und Kühe	3 bis 5 Tropfen oder mehr in 200 Liter Wasser	Pfefferminze, Zitrone
Vögel	1 Tropfen in 1 Liter Wasser	beispielsweise Melisse: antiviral, entzündungshemmend
Mengenangaben im Futter		
Frettchen	Zahnstochermethode	ins Lieblingsessen
Hunde	Zahnstochermethode, ansteigend	in Nassfutter gemischt
Katzen	Zahnstochermethode	ins Futter, nicht beliebt
Pferde	5 Tropfen	ins Futter
Rinder	5 Tropfen	ins Futter
Vögel	Zahnstochermethode	ins Lieblingsessen

Wenn Sie mit einer niedrigen Dosis beginnen, warten Sie zwei bis drei Tage, bevor Sie diese erhöhen. Das Tier zeigt oft deutlich an, wie oft es beispielsweise eine Ölmassage benötigt. Wenn es ihm drei Tage lang gut geht und der Juckreiz am vierten Tag wieder beginnt, massieren Sie Ihr Tier also nur alle vier Tage.

Die Anwendung

Da Tiere über einen ausgeprägten Geruchssinn verfügen, muss besonders darauf geachtet werden, dass sie ein positives erstes Erlebnis haben. Wenn der erste Kontakt mit einem bestimmten Öl für ein Tier stressig war und dieser Duft mit einer negativen Erfahrung verbunden ist, wird dieser Duft von da an immer abgelehnt werden. Wenn Tiere schwer erkrankt sind und während ihrer Krankheit mit einem bestimmten Öl unterstützt werden, können sie dieses Öl mit der Krankheit in Verbindung bringen, es im Zellgedächtnis speichern und zukünftig meiden.

Zunächst können Sie eine verschlossene Flasche Öl auf den Boden stellen und Ihrem Haustier damit die Gelegenheit geben, sich daran zu gewöhnen (Aber nicht ohne Aufsicht!). Es ist nicht ungewöhnlich, dass sich Tiere in ihrem eigenen Tempo ohne Stress oder Zwang mit Gerüchen anfreunden. Dann reiben Sie den Kopf an der verschlossenen Ölflasche und wälzen sich eventuell sogar darauf. Dies ist ein klares Signal, dass Sie das richtige Öl gefunden haben. Pferde beispielsweise sind sehr intelligent und wählen ihren Duft gerne selbst aus, wenn sie die Wahl haben.

Es gibt drei Arten der Anwendung.

Über das Einatmen:

Verteilen Sie mit einem Diffusor auf Wasserbasis eine kleine Menge Öl in der Luft und führen Sie Ihr Haustier langsam an den Duft heran. Verdampfen Sie mehrmals am Tag nicht mehr als drei Tropfen etwa 15 Minuten lang.

Tiere lieben ihren Besitzer, der ihr Alphatier ist, und gehorchen ihm, um sich gut in die Herde zu integrieren. Ätherische Öle spielen eine wichtige Rolle, da sie den Geist beeinflussen und die Verbindung zwischen ihnen stärken und vertiefen können. Aromatherapie kann auch als Anker beim Hundetraining dienen und das gewünschte Verhalten des Tieres verstärken und konditionieren.

Über die Haut:

Stark verdünnte ätherische Öle lassen sich bei Hunden und Katzen am besten auf den Rücken auftragen, da ihre Zunge dort nicht hinkommt. Es kann auch in stark verdünnter Form auf die Pfoten gerieben werden, weil Katzen ihre Pfoten ablecken. Da unsere Haustiere jedoch oft auf chemisch gereinigten Böden laufen und ihr Körper voller Giftstoffe ist, wird nach dem Auftragen ätherischer Öle auf die Pfoten des Tieres der Reinigungsprozess aktiviert. Daher reicht es zunächst aus, den Rücken mit den duftenden Händen zu streicheln, zu massieren und zu reiben. Bei Huftieren sind der Rücken und die Flanken zur Verwendung geeignet. Vögel lieben leichten Sprühregen, der ihre Federn streichelt.

• **Streicheln:** Ätherische Öle werden gründlich in die Hände eingerieben. Streicheln oder massieren Sie mit Ihrer duftenden Hand über das Fell des Tieres. Manche Tiere sind von dem Duft so fasziniert, dass sie hingebungsvoll Ihre Hände ablecken.

- **Massieren:** Das Öl mit reinem Pflanzenöl verdünnen und einmassieren. Je dünner und kürzer das Fell ist, desto stärker müssen Sie das Öl verdünnen, um Hautreizungen zu vermeiden.
- **Einsprühen:** Mittels einer Sprühflasche mit Wasser und ein paar Tropfen ätherischem Öl kann es auf das Fell aufgetragen werden. Wenn die Verwendung des Sprays für Ihr Haustier zu viel Stress verursacht, sprühen Sie etwas in Ihre Hand und reiben es in sein Fell.

Über Nahrungsergänzungen:

Um die Gesundheit zu unterstützen, sind Nahrungsergänzungsmittel, die in kleinen Mengen in die Nahrung gestreut oder gemischt werden, hilfreich. Das Besprühen des Futters mit Öl oder Wasser aus einer Sprühflasche erleichtert Haustieren die Aufnahme wichtiger Nährstoffe. Das Öl kann in stark verdünnter Form dem Trinkwasser zugesetzt werden, Sie sollten jedoch immer sauberes Wasser in einem zweiten Behälter danebenstellen. Manche Hunde fressen Futterkapseln, die stark mit ätherischen Ölen und Pflanzenstoffen verdünnt sind. Sie können auch etwas Nassfutter mit der verdünnten Ölmischung in eine Spritze füllen und diese so dem Tier direkt verabreichen. Große Tiere wie Pferde nehmen das Öl gerne direkt ins Maul, indem Sie deren Unterlippe etwas vorziehen und die Ölmischung hineintropfen.

Besondere Sorgfalt im Umgang mit ätherischen Ölen

Bei allen Tieren gilt eine besondere Sorgfalt, wenn Sie ätherische Öle anwenden möchten.

Katzen

Katzen sind einzigartige Lebewesen und ätherische Öle müssen bei ihnen mit äußerster Sorgfalt gehandhabt werden. Sie zeigen uns ganz genau, was sie über ätherische Öle denken. Entweder sie lieben sie und platzieren sich direkt zum Durchatmen unter dem Diffusor oder sie verlassen geradewegs den Raum.

Folgende ätherische Öle sind für Katzen sicher:

- Copaiba
- Elemi
- Geranie
- Immortelle
- Lavendel
- Muskatellersalbei
- Römische Kamille
- Rosmarin
- Weihrauch
- Zedernholz

Gemieden, oder zumindest extrem stark verdünnt, werden sollten hingegen alle Öle, die reich an Phenolen sind, wie:

- Gewürznelke

- Oregano
- Thymian
- Zimt

Katzen fehlt das Enzym Glucuronyltransferase. Daher können sie Chemikalien wie Phenol und Ketone nicht effektiv über Leber und Nieren eliminieren. Dieser wichtige Entgiftungsmechanismus findet bei den meisten Tieren statt, außer bei Katzen. Dies bedeutet, dass es bei Katzen zu einem langsameren Abbau toxischer Stoffwechselprodukte im Körper führt. Aus diesem Grund sollten ätherische Öle sparsam verwendet werden. Es reicht schon, das zarte Öl in Ihre Hände zu reiben und den Duft in der Aura Ihrer Katze einzustreicheln.

Tipp für das Vernebeln bei Katzen
Vernebeln Sie fünf Minuten 3 Tropfen in einem auf Wasser basierenden Diffuser und wiederholen Sie dies mehrmals am Tag. Lassen Sie immer genügend Luftzirkulation zu und eine Türe offen, damit Ihr Stubentiger jederzeit den Raum verlassen kann.

Hunde

Auch Hunde mit ihrem einzigartigen Geruchssinn müssen langsam an ätherische Öle herangeführt werden. Wenn Ihr Hund einen Duft komplett ablehnt, respektieren Sie das. Vermeiden Sie es, Öle wie Zimt und Oregano zu verwenden, wenn überhaupt, dann nur stark verdünnt. Hunde reagieren sehr empfindlich auf Gerüche. Das Riechgehirn macht 10 % des Gehirns aus und der Gaumen verfügt über ein zusätzliches Riechorgan, mit dem Hunde Gerüche wahrnehmen können. Dieser Duft wird sofort an das limbische System weitergeleitet, das die Sinne und Instinkte des Tieres beherbergt. Es ist also kaum verwunderlich, dass Hunde jeden Bissen, den wir uns zum Mund führen, wie ein Adler beobachten und es lieben, unsere vertrauten Duftsocken durch das Haus zu tragen. Nachfolgend erhalten Sie noch eine Tabelle mit den beliebtesten ätherischen Ölen in der Tierpflege, bevor Sie einige unterschiedliche Rezepte gegen Beschwerden oder zur Prävention an die Hand bekommen.

Ätherisches Öl	Wirkung	Anwendung
Baldrian	beruhigt das zentrale Nervensystem	Vor allem Katzen lieben einen Tropfen auf ein Tuch oder Stofftier.
Balsamtanne	antitumoral, antifungal, entzündungshemmend, antioxidativ	Aroma-Diffuser: für Atmung und Emotionen Streichelmassage: Knochen, Muskeln, Sehnen, Entzündungen
Bergamotte	beruhigend, antibakteriell, entzündungshemmend, antidepressiv, anregend, hormonunterstützend	Rezept zur Beruhigung: Jeweils 1 Tropfen Bergamotte, Lavendel und Kamille im Diffuser vernebeln.
Copaiba	stark entzündungshemmend, immunstimulierend, nervenunterstützend, wundheilend, schmerzstillend, antibakteriell, antiseptisch	Gastritis, Arthritis, Entzündungen aller Art, Magen-Darm-Erkrankungen, Harnwegserkrankungen, im Diffuser, als Nahrungsergänzung und zur Massage
Eukalyptus	antibakteriell, antiviral, antifungal, schleimlösend, unterstützt die Atemwege	Diffuser: eliminiert Krankheitskeime, verhindert Ansteckung, schreckt Insekten ab Massage: muskelentspannend, wird gerne bei Pferden angewendet
Geranie	krampflösend, antifungal, antibakteriell, blutstillend, entzündungshemmend, leberreinigend	im Diffuser; Nahrungsergänzung: Ringwurm, Pilzbefall; zur Streichelmassage
Grapefruit	antitumoral, entgiftend, kreislaufstimulierend, antiseptisch, harntreibend, fettlösend, reinigend, antidepressiv; wehrt Insekten und besonders Zecken ab	vor allem bei Zecken

Immortelle	gerinnungshemmend, nervenregenerierend, anästhetisch, antiviral, krampflösend, leberstimulierend; bindet Gifte und Chemikalien	als Massage sehr wirksam
Ingwer	entzündungshemmend, durchblutungsfördernd, verdauungsfördernd, schleimlösend	Reiseübelkeit: einen Tropfen auf ein Handtuch geben und dieses in den Hundekorb legen
Jasmin	antidepressiv, stimulierend, antibakteriell, nervenberuhigend	Massage: Eine sanfte Bauchmassage mit Jasmin und Pflanzenöl beruhigt besonders nervöse und unsichere Pferde.
Römische Kamille	entspannend, entkrampfend, entzündungshemmend, antiparasitär, anästhetisch, nervenregenerierend	Rezept zur Beruhigung: Diffuser mit Kamille und Lavendel zum Beispiel in Tierpraxen, Hundeschulen oder im Stall laufen lassen
Lavendel	antiseptisch, antifungal, schmerzstillend, antitumoral, krampflösend, entspannend, entzündungshemmend, hautregenerierend	Keime und Pilze: Direkt auf die Haut auftragen oder im Shampoo verwenden Raumspray: Öl in Wasser oder Alkohol mischen und vor Gebrauch gut schütteln Nervöse, hyperaktive Tiere: Ein Tropfen Lavendel auf Polster oder Schlafplatz tropfen oder damit streicheln
Majoran	antibakteriell, antifungal, gefäßerweiternd, blutdrucksenkend, schleimlösend	Massage: ein paar Tropfen auf der Handfläche verreiben und sanft das Haustier massieren
Mandarine	antitumoral, entspannend, krampflösend, antioxidativ, verdauungsanregend, kreislaufanregend	bei Angst, Nervosität und Stress; stärkt das Verdauungssystem

		Achtung: photosensitiv, daher das Öl im Diffuser vernebeln
Teebaum	kraftvoll antibakteriell, antifungal, antiviral, antiparasitär, entzündungshemmend	Hautirritationen: ein bis drei Tropfen Teebaumöl unverdünnt auf Hautabschürfungen, Schnittwunden, Prellungen, Insektenstiche tropfen; Teebaumöl brennt nicht Achtung bei Katzen!
Muskatellersalbei	antifungal, krampflösend, entspannend, östrogenähnlich, cholesterinreduzierend	im Diffuser und zur Streichelmassage
Palo Santo	knochenregenerierend, hautregenerierend, immunstimulierend, stimmungsaufhellend	Diffuser: Atemwege Streichelmassage: Immunsystem, Knochenbruch, Hautregeneration
Pfefferminze	entzündungshemmend, antiparasitär, antibakteriell, antiviral, antifungal, schmerzlösend, verdauungsfördernd, schleimlösend, appetitanregend	Übelkeit: Pfefferminzöl auf das Hundepolster geben; Unterstützung der Gelenke
Rosmarin	leberschützend, antifungal, antibakteriell, antiparasitär, konzentrationsfördernd	Massage: Rosmarin auf die Hände reiben und damit das Tier streicheln oder massieren Juckende Haut: Rosmarin und Pfefferminze wehren Parasiten erfolgreich ab.
Vetiver	Antiseptisch, entzündungshemmend, krampflösend, entspannend, erdend, kreislaufstimulierend	Angst vor Gewitter: einen Tropfen Vetiver verreiben und damit das Fell streicheln Diffuser: entspannt und beruhigt
Weihrauch	antitumoral, antidepressiv, immunstimulierend,	Diffuser: zur Beruhigung von Körper und Emotionen;

	muskelentspannend, beruhigend	Streichelmassage
Ylang-Ylang	krampflösend, antiparasitär, entzündungshemmend	Diffuser und Massage für Selbstvertrauen und Ruhe
Zedernholz	antibakteriell, sauerstoffanreichernd, durchblutungsanregend, gedächtnisstärkend	Diffuser: reichert das Blut mit Sauerstoff an, macht mutig und beruhigt Streichelmassage: Hautirritationen, Allergie, Muskelverspannung Achtung: Nicht für trächtige Tiere und Epileptiker!
Zitrone	antiseptisch, antitumoral, immunstimulierend, gedächtnisanregend, entspannend	Diffuser: Luftreinigung Nahrungsergänzung: in Wasser und Futter Streichelmassage
Zitronengras	antifungal, antibakteriell, antiparasitär, verdauungsfördernd, entzündungshemmend	Insektenschutz: Zitronella und Zitronengras in Pflanzenöl oder Wasser; Diffuser; Streichelmassage: auch bei Ringelwurm- und Pilzinfektionen
Zypresse	kreislaufanregend, antiinfektiös, krampflösend	Inkontinenz: bei inkontinenten Tieren auf den Bauch reiben

Natürliche Floh- und Zeckenabwehr mit ätherischen Ölen

Zecken und Flöhe sind Schädlinge, die Haustieren nicht nur Unbehagen bereiten, sondern auch eine Gefahr für die Gesundheit darstellen können. Besonders in der warmen Jahreszeit sind Zecken aktiv und lauern in Rasenflächen oder Büschen auf ihre Wirte. Sie saugen das Blut von Hunden und Katzen und können gefährliche Krankheiten wie Borreliose oder Anaplasmose übertragen.

Borreliose:
Die Borreliose ist eine Infektionskrankheit, die durch Bakterien der Gattung Borrelien verursacht wird. Diese Bakterien werden durch den Biss einer infizierten Zecke auf den Wirt übertragen. Die Krankheit kann bei Menschen und Tieren auftreten. Die häufigsten Symptome bei Tieren sind

- Fieber,
- Lahmheit,
- Gelenkschwellungen,
- Appetitlosigkeit,
- Müdigkeit und
- allgemeine Schwäche.

In schweren Fällen kann es zu neurologischen Problemen wie Lähmungen oder Krampfanfällen kommen.

Anaplasmose:
Anaplasmose ist eine Infektionskrankheit, die durch Bakterien der Gattung Anaplasma verursacht wird. Diese Bakterien werden auch durch den Biss einer infizierten Zecke auf den Wirt übertragen. Bei Tieren äußert sich die Anaplasmose in einer Vielzahl von Symptomen, die je nach Tierart variieren können. Die häufigsten Symptome sind

- Fieber,
- Appetitlosigkeit,
- Müdigkeit,
- Gelenkschmerzen und
- geschwollene Lymphknoten.

In schweren Fällen kann es zu Blutungsstörungen, Organversagen und sogar zum Tod kommen.

Während Zecken in eine Kältestarre verfallen, sobald das Thermometer konstant unter 6 Grad Celsius anzeigt, sind Flöhe hingegen ein ganzjähriges Problem und die häufigsten Parasiten unserer Haustiere. Tiere fangen sich diese lästigen Biester oft draußen in der Natur ein. Sie verursachen Juckreiz, Hautreizungen und können auch Krankheiten wie den **Gurkenkernbandwurm** und die **Flohspeichelallergie-Dermatitis** verursachen. Flohbefall kann insbesondere bei Katzen zu ernsthaften Gesundheitsproblemen führen.

Gurkenkernbandwurm:
Der Gurkenkernbandwurm ist ein Parasit, der weltweit bei Hunden und Katzen vorkommt und als der häufigste Bandwurm bei Stadthunden in Europa gilt. Der Wurm trägt den wissenschaftlichen Namen „Dipylidium caninum", gehört zur Klasse der Cestoda und wird hauptsächlich durch Flöhe übertragen, die diesen Gurkenkernbandwurm auch in sich tragen. Diese infizierten Flöhe werden als Zwischenwirte des Gurkenbandwurms bezeichnet. Wenn beispielsweise ein Floh Wurmeier in sich aufnimmt, hat der Gurkenkernbandwurm im Körper des Flohs viele verschiedene Entwicklungsstadien durchlaufen. Wenn ein Hund oder eine Katze dann einen infizierten Floh aufnimmt, beispielsweise während der Fellpflege oder bei kurzem Kontakt mit flohbefallenen Wildtieren, dringt der Bandwurm in den Darm des Tieres ein und entwickelt sich normalerweise innerhalb von etwa 20 Tagen zu einem erwachsenen Bandwurm. Anschließend kann der Bandwurm wieder Eier legen, die mit dem Kot des Tieres ausgeschieden werden und andere Tiere infizieren können. In solchen Fällen sind lediglich die Medikamente von Tierärzten hilfreich.

Flohspeichelallergie-Dermatitis:
Eine allergische Dermatitis gegen Flohspeichel wird durch eine Überempfindlichkeitsreaktion auf die Eiweißbestandteile des Flohspeichels verursacht – das körpereigene Abwehrsystem reagiert mit einer allergischen Reaktion. Im Gegensatz zu Flohinfektionen, die zunächst oft unbemerkt bleiben oder nur mit leichtem Juckreiz einhergehen, sind die Symptome einer Dermatitis aufgrund einer Flohspeichelallergie ausgeprägter: Angst oder Unruhe des Tieres, stark juckende Hautausschläge, Dermatitis und mit fortschreitender Krankheit Bildung von kahlen Stellen; es kann auch zum Einreißen von Hautpartien kommen.

Um Zecken und Flöhen vorzubeugen, sollten Sie Ihre Haustiere regelmäßig kontrollieren. Zecken können meist gespürt werden, wenn Sie Ihr Tier streicheln und die Körperstellen mit den Händen „abfahren". Um einen Flohbefall zu erkennen, eignet sich ein spezieller Kamm, mit diesem kämmen Sie Ihr Tier und klopfen dann den Kamm auf einem feuchten Küchentuch aus. Was Sie bei einem Flohbefall finden werden, ist schwarz-krümeliger Flohkot, der bei Zerreibung auf dem Küchentuch dieses rötlich-braun färbt. Es handelt sich dabei um unverdautes Blut des Wirts. In diesem Fall muss sofort gehandelt werden und alle anderen Tiere, die im Haushalt leben, müssen mitbehandelt werden. Des Weiteren müssen Sie das gesamte Haus gründlich reinigen, die

Bettwäsche waschen und Böden sowie alle Polster absaugen. Anschließend sollten Sie den Staubsaugerbeutel sofort wegwerfen. Ein Diffusor kann als nützliche „Flohbombe“ fungieren. Dafür können Sie 5 Tropfen etwa 15 Minuten, mehrmals am Tag, verdampfen lassen.

Folgende Öle eignen sich dafür:

- Eukalyptus
- Lavendel
- Zitrone
- Geranie
- Minze

Um Ihr Haustier mit natürlichen Heilmitteln vor bösen Parasiten, einschließlich Zecken, und dem Risiko einer Krankheit zu schützen, verwenden Sie am besten ein selbstgemachtes Floh- und Zeckenspray mit ätherischen Ölen, da herkömmliche Mittel meistens Giftstoffe enthalten. Bei Hunden, die zu Allergien neigen, sollten Sie auf deren Reaktionen auf ätherische Öle achten. Sie sollten außerdem vermeiden, dass das Spray in die Augen gelangt. Ein Anti-Zecken-Spray hilft übrigens auch bei Ihnen. Sprühen Sie einfach Ihre Beine und Schuhe ein, bevor Sie spazieren gehen.

Geeignete ätherische Öle sind vor allem

- Lavendelöl
- Zitronengrasöl
- Zedernholzöl

Kokosöl gegen Zecken:
Die in Kokosnussöl enthaltene Laurinsäure wirkt bei innerlicher und äußerer Anwendung sehr wirksam gegen Zecken. Massieren Sie einfach das Kokosöl in das Fell ein und geben Sie 1 Teelöffel pro 10 kg Körpergewicht zum Futter. Kokosöl sorgt übrigens auch dafür, dass das Fell wunderschön glänzt. Wenn Sie zusätzlich einen Tropfen Grapefruit- oder Zitronengrasöl hinzufügen, wirkt dieses Schutzmittel als Barriere gegen Zecken.

Tipp für das Entfernen einer Zecke
Um Zecken bei Ihrem Haustier zu entfernen, tragen Sie 1 Tropfen Pfefferminzöl auf die Zecke auf. Warten Sie dann etwas, bis sie sich von alleine löst. Anschließend mit einer Pinzette entfernen. Pfefferminzöl lindert auch den durch Zeckenbiss verursachten Juckreiz.

Rezept für ein Floh- und Zeckenspray

Floh- und Zeckenspray
2 Esslöffel Kokosöl
1 Tropfen Lavendelöl
1 Tropfen Grapefruitöl (Zedernholzöl für Katzen)
1 Tropfen Eukalyptusöl
1 Tropfen Zitronengrasöl
1 Tropfen Geranienöl

Mischen Sie die ätherischen Öle mit dem Kokosöl und füllen Sie diese anschließend in eine 30-ml-Sprühflasche. Füllen Sie dann mit Wasser auf und schütteln Sie die Flasche kräftig vor jedem Gebrauch.

Für Katzen sind vor allem Blütenwasser, also Hydrolate, gut geeignet, da sie mild sind. Zur Prävention gegen Flöhe und Zecken eignet sich vor allem ein Rosmarinhydrolat. Geben Sie dafür zwei Sprühstöße in Ihre Hand und reiben Sie es gegen die Fellwuchsrichtung ein. Ist ein Flohbefall bereits vorhanden, ist Eukalyptusöl eine gute Wahl. Geben Sie ein wenig des Öls verdünnt in den Nacken.

Rezept zur Flohprävention und gegen Gerüche im Hundekörbchen

Flohspray
500 ml Wasser
3 Tropfen Zedernholzöl

Geben Sie das Wasser mit dem ätherischen Öl in eine Sprühflasche und schütteln Sie diese, ebenso vor jedem Gebrauch. Sprühen Sie täglich Ihre Katze oder Ihren Hund damit ein und bei Bedarf auch das Hundekörbchen gegen Gerüche.

Hausmittel für Haustiere mit ätherischen Ölen

Neben Floh- und Zeckenschutzmitteln gibt es noch eine ganze Reihe anderer Rezepte für Hausmittel mit ätherischen Ölen, die wunderbar bei unseren treuen Fellnasen angewendet werden können. Für unsere geliebten Haustiere, die uns bedingungslose Liebe und Freude schenken, ist es von größter Bedeutung, für ihr Wohlbefinden zu sorgen.

Genau wie wir Menschen sind Haustiere sensible Wesen, die auf viele äußere Einflüsse reagieren können und gestresst sind. Veränderungen in der Umgebung, wie ein Umzug, ein neues Familienmitglied oder eine Renovierung des Hauses, können für Haustiere Stress verursachen. Sie sind Gewohnheitstiere und reagieren oft empfindlich auf Veränderungen in ihrer täglichen

Umgebung. Auch Trennungsangst ist eine weitere häufige Ursache für Stress bei Haustieren. Wenn sie längere Zeit allein gelassen oder von ihrer Bezugsperson getrennt werden, können sie sich verängstigt und unsicher fühlen. Auch Lärm und laute Geräusche wie Feuerwerk, Gewitter oder Baulärm können für Haustiere Stress verursachen, weswegen Sie nun einige Rezepte mit ätherischen Ölen erhalten, die das Wohlbefinden unterstützen können.

Rezept gegen Beunruhigung, Stress und Trauer

Ölmischung „Vierbeinige Entspannung"

500 ml Wasser
1 Tropfen Kamillenöl
1 Tropfen Mandarinenöl
1 Tropfen Orangenöl
1 Tropfen Patschuli-Öl
1 Tropfen Ylang-Ylang-Öl

Geben Sie das Wasser in eine Sprühflasche und träufeln Sie die ätherischen Öle hinein. Schütteln Sie diese und sprühen Sie sich etwas auf Ihre Hände. Verreiben Sie das Öl und tragen Sie es auf die Fußballen auf oder streichen Sie es sanft in das Fell ein.

Anti-Angst-Spray bei Einsamkeit

60 ml Wasser
3 Tropfen Lavendelöl
3 Tropfen Weihrauch
3 Tropfen Vetiveröl

Geben Sie das Wasser in eine Sprühflasche und träufeln Sie die ätherischen Öle hinein. Schütteln Sie diese und sprühen Sie sich etwas auf Ihre Hände. Streicheln Sie es in das Fell ein und sprühen Sie bei Bedarf noch etwas auf den Schlafplatz und auf das Spielzeug.

Rezept bei Gewitterangst

„Relaxing Thunder"

1 Tropfen Lavendelöl
1 Teelöffel Pflanzenöl

Verreiben Sie die Öle in Ihren Händen und streicheln Sie dann Ihrem Vierbeiner über den Rücken.

Rezept bei Traumata

Diffuser „Loslassen"
1 Tropfen Limettenöl
1 Tropfen Lavendelöl
1 Tropfen Weihrauchöl
1 Tropfen Zedernholzöl
1 Tropfen Fichtenöl

Geben Sie die Öle in einen Diffuser und schalten Sie diesen 5 bis 15 Minuten, mehrmals am Tag, an. Mit einer geeigneten Verdünnung können Sie auch einen Tropfen eines aufgezählten ätherischen Öls auf die Pfoten und ins Fell reiben oder das Tier an Ihren Händen riechen lassen.

Insektenschutz mit ätherischen Ölen

Ein wirksamer Insektenschutz für Haustiere ist wichtig, um sie vor lästigen Parasiten wie Flöhen, Zecken und Mücken zu schützen. Natürliche Insektenschutzmittel sind eine sichere und wirksame Alternative zu chemischen Produkten. Durch die Verwendung natürlicher Inhaltsstoffe wie ätherischer Öle können wir unseren Fellnasen einen wirksamen Schutz vor Insekten bieten, ohne sie unnötigen Risiken auszusetzen.

Rezept für ein Insektenschutzmittel

„Ciao Ciao Fliegen und Flöhe"
50 ml Wasser
50 ml weißer Essig
1 Tropfen Pfefferminzöl
1 Tropfen Zitronellaöl
3 Tropfen Zitronengrasöl

Geben Sie in eine Sprühflasche Wasser und Essig und träufeln Sie die ätherischen Öle hinein. Schütteln Sie einmal gut vor jedem Gebrauch.

Dieses einfache und sehr wirksame Insektenschutzmittel vertreibt Schädlinge auf natürliche Weise ohne den Einsatz von Chemikalien, wohingegen das weit verbreitete Permethrin, ein Insektizid zur Abtötung von Flöhen, nicht so harmlos ist. Permethrin ist der Wirkstoff in sogenannten Flohhalsbändern sowie vielen Pulvern, Sprays und Shampoos. Allerdings ist dieser Stoff für Katzen sehr giftig, da ihrem Körper die notwendigen Enzyme fehlen, um diese Giftstoffe abzubauen. Häufige Symptome einer Permethrinvergiftung bei Katzen sind Zittern, vermehrter Speichelfluss, Krampfanfälle, Atembeschwerden sowie Erbrechen, Durchfall und Fieber oder eine niedrige Temperatur.

DIY-Flohhalsband

Um eine Permethrinvergiftung zu vermeiden und auf natürliche Weise gegen Parasiten vorzubeugen, können Sie ein Flohhalsband ganz einfach selbst basteln. Züchten Sie dafür Minze in einem Blumentopf oder einem Beet, pflücken Sie dann ein paar Zweige und hacken Sie diese klein. Wickeln Sie die Blätter und die Zweige in ein Baumwolltuch und binden Sie es Ihrem Vierbeiner um den Hals. Es ist nicht nur viel gesünder und natürlicher, sondern sieht zudem noch sehr süß aus.

Natürliche Pflegeprodukte mit ätherischen Ölen

Natürliche Pflegeprodukte mit ätherischen Ölen sind eine tolle Möglichkeit, die Gesundheit und das Wohlbefinden unserer Haustiere sanft und effektiv zu unterstützen, da die Verwendung natürlicher Pflegeprodukte mit ätherischen Ölen dazu beiträgt, die Haut- und Fellgesundheit Ihres Haustieres zu verbessern.

Rezepte für Hunde

Trockenshampoo

½ Tasse Natron
½ Tasse Maisstärke
3 Tropfen Zitronengrasol
3 Tropfen Lavendelöl

Geben Sie Natron und Maisstärke in einen Behälter mit Puderzuckerstreuer und fügen Sie die ätherischen Öle hinzu. Schütteln Sie das Pulver gründlich und streuen Sie dann beginnend am Nacken das Trockenshampoo auf das Fell. Reiben Sie es gut ein und verhindern Sie den Kontakt mit den Augen. Bürsten Sie anschließend Ihren Hund mit einem Hundekamm oder einer Bürste.

Haferflockenshampoo

1 Tasse Haferflocken
½ Esslöffel Vitamin-E-Öl
½ Esslöffel Massageöl (Avocadoöl, Kokosöl, Traubenkernöl oder Jojobaöl)
1 Tropfen Lavendelöl
1 Teebeutel grüner Tee
1 ½ Tassen warmes Wasser

Mischen Sie im ersten Schritt das Wasser mit den Haferflocken und in einem separaten Gefäß das Vitamin-E-Öl, das Massageöl und Lavendelöl. Mischen Sie die Öle dann gründlich unter den Hafer und streuen Sie den grünen Tee darüber. Vermischen Sie nochmals alles gut und wenden Sie das Shampoo präventiv oder einmal im Monat zur Behandlung an. Es eignet sich vor allem bei trockener Haut und juckenden Insektenstichen.

Rezept für Katzen

Pflegendes „Miau-Spray"
½ Tasse destilliertes Wasser
1 Esslöffel Aloe-vera-Gel
5 Tropfen Lavendelöl
3 Tropfen Kamillenöl
2 Tropfen Pfefferminzöl

Mischen Sie destilliertes Wasser und Aloe-vera-Gel in einer Sprühflasche. Fügen Sie die ätherischen Öle hinzu und schütteln Sie die Flasche gut, um alles zu vermischen. Sprühen Sie dann etwas auf Ihre Hände und streicheln Sie es in das Fell Ihrer Katze ein.
Dieses natürliche Katzenspray kann verwendet werden, um die Katze zu beruhigen, ihr Fell zu pflegen und sie vor lästigen Insekten zu schützen.

Ätherische Öle zur Unterstützung bei allgemeinen Problemen

Allgemeine Probleme bei Tieren können häufig auch Hautprobleme und Verdauungsprobleme sein, die sich mit ausgewählten ätherischen Ölen gut behandeln lassen. Gerade, wenn eine Katze oder ein Hund an verdorbenem Magen, Reizdarmsyndrom oder Erbrechen leidet, ist eine verdauungsfördernde Ölmischung sehr hilfreich. Wenn Ihr Tier an einer Magen-Darm-Grippe oder einer Lebensmittelvergiftung leidet, reiben Sie das Öl auf den Bauch und die Füße oder massieren damit den Rücken, um eine schnelle Linderung zu erzielen.

Rezept bei Verdauungsproblemen

Bauchmassageöl
2 Tropfen Kamillenöl
2 Tropfen Ingweröl
2 Tropfen Fenchelöl
10 ml Trägeröl, wie Mandelöl oder Kokosöl

Mischen Sie das ätherische Öl mit dem Trägeröl in einer kleinen Flasche und schütteln Sie es gut, um es gut zu vermischen. Geben Sie dann ein paar Tropfen der Mischung auf Ihre Hand und reiben Sie damit sanft den Bauch Ihres Vierbeiners ein.

Diese Mischung kann helfen, Verdauungsprobleme wie Blähungen, Magenkrämpfe und Übelkeit zu lindern.

Rezept bei Hautirritationen oder Wucherungen

Teebaumöl-Waffe
1 Tropfen Teebaumöl
1 Teelöffel Pflanzenöl

Verdünnen Sie das Teebaumöl mit dem Pflanzenöl und tragen Sie einmal am Tag die Mischung auf die betroffene Stelle auf.

Rezept bei trockener, kahler und schuppiger Haut

Ölpaste
4 Esslöffel Kokosöl
2 Tropfen Lavendelöl
2 Tropfen Weihrauchöl
2 Tropfen Copaibaöl
2 Tropfen Teebaumöl

Schmelzen Sie das Kokosöl und verrühren Sie dann die ätherischen Öle darin. Füllen Sie die Paste in ein verschließbares Gefäß und massieren Sie zweimal täglich die betroffenen Stellen mit der Ölpaste.

Zum Abschluss erhalten Sie noch einen Überblick über ätherische Öle nach Beschwerdebildern, sodass Sie schnell und einfach einsehen können, welche ätherischen Öle bei welcher Krankheit am besten helfen.

Beschwerdebild	Ätherische Öle	Anwendung
Allergie	Basilikum, Copaiba, Lavendel, Ocotea, Zitrone, Pfefferminze, Weihrauch	als Massage in den Rücken streicheln
Angst und Nervosität	Lavendel, Baldrian, Balsamtanne, Kamille, Mandarine, Majoran, Orange, Patschuli, Ylang-Ylang	in den Händen verreiben und damit Kopf, Nacken und Rücken streicheln; verdünnt auf Fußballen und auf Ohrspitzen reiben; bei Vögeln: Federspray
Arthritis	Copaiba, Immortelle, Balsamtanne, Rosmarin, Weihrauch	das ätherische Öl mit Massageöl verdünnen und das Fell streicheln; Federspray; Nahrungsergänzung

Atemprobleme	Basilikum, Eukalyptus globulus, Majoran, Pfefferminze, Oregano, Thymian, Zypresse	diese stark antimikrobiellen Öle verdünnt auf den Rücken auftragen, zur Stärkung des Immunsystems
Augen, verklebt	Lavendel, Weihrauch	mit Diffuser vernebeln oder mit einem Tuch zum Schlafplatz legen
Blutdruck, hoch	Copaiba, Ocotea, Ylang-Ylang	1 bis 2 Tropfen auf Schultern und Hüften auftragen; Ocotea muss sorgfältig durch den Tierarzt überwacht werden, wenn andere Medikamente verabreicht werden
Blutung und Wunden	Lavendel, Immortelle, Zistrose	Offene Wunde: unverdünnt auftragen Geschlossene Wunde: mit Öl oder Salbe mischen und auf die Stelle auftragen
Cushing-Syndrom	Balsamtanne, Copaiba, Fenchel, Muskatellersalbei, Weihrauch	ins Fressen gerührt, morgens: Fenchel, Muskatellersalbei und Weihrauch; abends: Balsamtanne und Copaiba
Diabetes	Geranie, Kiefer, Myrrhe, Ocotea, Ylang-Ylang	mit Öl das Fell streicheln; ins Katzenklo Nahrungsergänzungen: Ocotea muss sorgfältig durch den Tierarzt überwacht werden, wenn andere Medikamente verabreicht werden.
Durchfall	Zitrone, Pfefferminze	ins Futter rühren
Emotionale Anspannung	Balsamtanne, Basilikum, Majoran, Pfefferminze, Oregano, Thymian, Weihrauch, Zypresse	einige Tropfen auf den Rücken massieren; das Fell streicheln

Energie	Balsamtanne, Muskat, Nelke, Schwarzer Pfeffer, Rosmarin, Wacholder, Zitronengras	ein paar Tropfen auf den Rücken träufeln und einmassieren; streicheln
Epilepsie	Baldrian, Balsamtanne, Jasmin, Römische Kamille, Lavendel, Weihrauch	Achtung: Bei Epilepsie Basilikum, Estragon, Fenchel, Salbei, Wintergrün und Ysop MEIDEN.
Erbrechen	Ingwer, Pfefferminze	ins Futter rühren
Erkältung und Husten	Copaiba, Eukalyptus, Teebaum	auf Brust und oberen Rückenbereich auftragen
Fieber	Eukalyptus, Gewürznelke, Rosmarin, Pfefferminze, Zimt, Zitrone	verdünnt auf den Rücken auftragen
Fliegen, lästig	Geranie, Lavendel, Pfefferminze	in Wasser oder Öl mischen und Huftiere damit besprühen
Flöhe	Eukalyptus polybractea, Lavendel, Kiefer, Pfefferminze, Zimt, Zitronella, Zitronengras	Öle in Shampoo, Puder oder in Gel zur Ganzkörperbehandlung mischen
Gastritis	Copaiba, Nelke, Pfefferminze	mittels Zahnstochermethode ins Futter mischen
Haarbälle	Lavendel, Majoran, Wacholder	1 Tropfen ins Fell streicheln
Haarverlust	Lavendel, Melaleuca, Rosmarin	Lavendel in das Fell streicheln
Harninkontinenz	Copaiba	auf den Bauch geben und ins Futter geben
Harnwegsinfektion	Baldrian, Copaiba, Lavendel, Oregano, Thymian, Wacholder	mit Diffuser vernebeln; mit Copaiba streicheln; Oregano stark verdünnt auf Fußballen reiben

Haut, trockene	Copaiba, Lavendel, Melaleuca, Weihrauch	Öle in Kokosöl mischen und auftragen
Hautgeschwulst, Tumorbildung	Balsamtanne, Lavendel, Melaleuca, Myrrhe, Sandelholz, Weihrauch	Öle auf die Stelle geben und massieren; streicheln
Hefepilzinfektion	Eukalyptus globulus, Geranie, Orange, Patschuli, Pfefferminze, Zitronengras	als Nahrungsergänzungen
Herpes, Katzen	Eukalyptus polybractea, Geranie, Immortelle, Lavendel, Majoran, Pfefferminze, Thymian	Öl verdünnt auf den Rücken auftragen; 1 Tropfen ins Katzenklo; mit Diffuser vernebeln; Nahrungsergänzung
Herzwurmerkrankung (Prävention)	Basilikum, Eukalyptus, Ingwer, Nelke, Thymian	Öle mit dem Diffuser vernebeln, Nahrungsergänzung
Huferkrankung, hohle Wand, Fußfäule	Lavendel, Melaleuca, Nelke, Oregano, Rosmarin, Thymian, Zimt, Zitrone	Öle verdünnt auf die Stelle auftragen
Husten, Zwingerhusten	Copaiba, Eukalyptus radiata, Lavendel, Pfefferminze, Majoran, Rosmarin, Teebaum, Zitronengras, Zitrone	Öle im Diffuser vernebeln; Rückenmassage mit Copaiba und Eukalyptus radiata
Hüftdysplasie	Rosmarin, Weihrauch	Rosmarin verdünnt auf unteren Rücken auftragen, mit Weihrauch abschließen
Knochen, Knochenbruch	Lavendel, Fichte, Ingwer, Pfefferminze, Rosmarin, Thymian, Zitronengras	verdünnt auf die Stelle auftragen
Kolik	Pfefferminze	Öl verdünnt auf den Bauch reiben, während auf den Tierarzt gewartet wird

Konjunktivitis (Bindehautentzündung)	Copaiba, Lavendel, Melisse, Weihrauch	mit dem Diffuser vernebeln; 1 Tropfen Copaiba ins Katzenklo; Nahrungsergänzung
Depressive Verstimmungen	Bergamotte, Geranie, Jasmin, Mandarine, Römische Kamille, Rose, Ylang-Ylang, Zitrone	ein paar Tropfen auf dem Rücken einmassieren; ins Fell streicheln
Leberleiden	Fenchel, Geranie, Grapefruit, Immortelle, Ledum, Rosmarin, Salbei, Wacholder	mit Immortelle und Ledum streicheln; 1 Tropfen ins Katzenklo
Lecken, obsessiv	Lavendel	Öl in Kokosöl oder Aloevera-Gel auf die Stelle reiben
Luxation	Balsamtanne, Copaiba, Lavendel, Palo Santo, Weihrauch	mehrmals täglich das Knie mit ätherischen Ölen streicheln
Meningitis (Hirnhautentzündung)	Heiliger Weihrauch	den Kopf mit dem Öl streicheln
Milchfluss erhöhen	Fenchel	3 Tropfen ins Futter mischen
Muskeln, Bänder, Sehnen	Lavendel, Zitronengras	Öle auftragen und bandagieren; Nahrungsergänzung
Muskelschmerz	Ingwer, Lavendel, Pfefferminze, Wacholder	mit ½ Tasse Natron mischen, in einen Kübel mit Wasser geben und einreiben (kaltes Wasser bei Entzündungen, warmes bei Schmerzen); Öle in Aloe vera mischen und auf die Stelle auftragen
Muskelschwund	Majoran, Lavendel, Pfefferminze, Zitronengras, Zypresse	mittels Zahnstochermethode ins Futter geben; mit Ölen streicheln

Nierenversagen	Thymian, Wacholder	1 Tropfen Thymian verdünnt ins Futter geben; 1 Tropfen Wacholder auf die Nierengegend reiben
Ohrinfektion, Ohrenschmerzen	Balsamtanne, Basilikum, Copaiba, Lavendel, Weihrauch	mit Massageöl verdünnen und in das Außenohr sowie um das Ohr reiben
Ohrmilben	Lavendel, Melaleuca, Pfefferminze, Zitronella	verdünnt auf Wattebausch geben und damit das äußere Ohr reinigen
Parasiten	Estragon, Eukalyptus globulus, Lavendel, Majoran, Nelke, Oregano, Pfefferminze, Thymian, Zitrone, Zitronengras	verdünnt auf die Pfoten reiben; mittels Zahnstochermethode ins Futter mischen
Reisekrankheit	Ingwer, Pfefferminze	Einatmen: 1 Tropfen auf ein Tuch geben; mit Massageöl verdünnt auf den Magen reiben
Ruhe und Gelassenheit	Lavendel, Baldrian, Kamille, Weihrauch, Mandarine	mit dem Diffuser vernebeln; Pferden dem Futter beifügen, Katzen mit dem Öl streicheln
Stress	Lavendel, Balsamtanne, Zitrusdüfte	mit dem Diffuser vernebeln; auf Rücken, Schultern und Beine massieren; für Vögel: Federspray
Talgdrüsen	Geranie, Grapefruit, Lavendel, Weihrauch, Zitrone	Rückenmassage mit ätherischen Ölen; Öle auf die Stelle auftragen; Pfoten, Kopf und Wirbelsäule streicheln; Nahrungsergänzung

Trauer	Kamille, Mandarine, Orange, Patschuli, Ylang-Ylang	mit dem Öl Kopf, Wirbelsäule und Pfoten streicheln
Traumata	Bergamotte, Geranie, Jasmin, Römische Kamille, Limette, Mandarine, Narde, Rose, Weihrauch, Ylang-Ylang, Zedernholz, Zitrone	mit dem Öl streicheln, um Traumata und seelische Schmerzen aufzulösen
Wunden, nässend	Copaiba, Kamille, Ingwer, Lavendel, Melaleuca	Hautspray: 120-ml-Sprühflasche, je 5 Tropfen Copaiba, Lavendel, Melaleuca, mit Wasser auffüllen; gut schütteln
Wundheilung	Weihrauch, Lavendel	Öl mit Kokosöl oder Aloe-vera-Gel mischen und auf die Stelle auftragen
Zahn, eitrig	Copaiba	Öl auf die Stelle auftragen; 1 Tropfen in Pflanzenöl als Nahrungsergänzung
Zyste	Weihrauch	morgens und abends 1 Tropfen auf die Zyste reiben

Die Macht ätherischer Öle

Die Natur mit ihren vielen Pflanzen und deren ätherischen Ölen gibt dem Menschen und auch dem Tier alles, was sie brauchen, um Gesundheit und Wohlbefinden zu erlangen und diese zu behalten. Danken Sie ihr einmal für die vielen wunderbaren Möglichkeiten und Wege, die sie uns offenbart und bereitstellt, denn schon allein ein Bewusstsein darüber zu erlangen, macht die hektische und stressige Welt zu einem besseren Ort.

In diesem Ratgeber haben Sie die ätherischen Öle kennengelernt und damit auch deren vielseitige und natürliche Möglichkeiten, die Gesundheit und das Wohlbefinden von Mensch und Tier zu unterstützen. Zu ihren vielfältigen Einsatzmöglichkeiten gehören die Reduzierung von Stress und Ängsten, die Unterstützung des Immunsystems sowie die Behandlung von Haut- und Verdauungsproblemen. Trotz ihrer vielen Vorteile ist es jedoch wichtig, ätherische Öle verantwortungsvoll und sicher zu verwenden, was hier auch noch einmal verdeutlicht werden soll. Bevor Sie also ätherische Öle für sich selbst oder Ihre Haustiere verwenden, sollten Sie sich sorgfältig über deren Wirkung, Anwendungsmethoden und mögliche Nebenwirkungen informieren. Konsultieren Sie im Zweifelsfall immer einen Fachmann, etwa einen Aromatherapeuten oder Tierarzt, um sicherzustellen, dass die von Ihnen verwendeten ätherischen Öle für Ihre persönlichen Bedürfnisse geeignet sind. Solange Sie sich an die im Ratgeber enthaltenen Rezepte halten und Sie, viel wichtiger noch, hochwertige ätherische Öle nach therapeutischem Standard verwenden, haben Sie eine wunderbare Möglichkeit gefunden, Körper, Geist und Seele auf natürliche Weise zu unterstützen und das allgemeine Wohlbefinden zu fördern. Nutzen Sie die Kraft der Natur und entdecken Sie, was ätherische Öle für Sie und Ihr Haustier tun können.

Quellenverzeichnis

- Branson, Susan (2021): Alleskönner ätherische Öle: Die natürliche Kraft der Pflanzenessenzen.
- Kettering, Maria M. (2013). Ätherische Öle: ganzheitlich anwenden mit zahlreichen Rezepturen.
- Sage, Ava (2022). Ätherische Öle und Aromatherapie für Einsteiger. Wie Sie ätherische Öle anwenden können, um das Immunsystem zu stärken, Hormone natürlich zu regulieren und gesund abzunehmen.